KB269813

세 아이를
미국 명문대로 이끈
떡볶이 식탁

세 아이를
미국 명문대로 이끈

떡볶이 식탁

김지나 지음

드림셀러

정답을 가르치지 않고,
방향을 지켜낸 교육

_한국외국어대학교 **박정운** 총장

자녀교육에 정답은 없지만, 교육의 본질은 분명하다. 정답을 강요하는 것이 아니라 아이 안에 이미 존재하는 가능성을 발견하는 일이다. 이 책은 20여 년간 미국 이민 사회라는 역동적인 환경 속에서 매주 반복된 '떡볶이 식탁'이라는 일상을 통해 세 아이를 각자의 길로 성장시킨 한 가족의 치열하면서도 따뜻한 기록이다.

저자는 통제보다 자유를, 성과보다 방향을 선택하며 아이들이 스스로 잠재력을 깨우도록 지켜보았다. 음악을 하는 성형외과 의사, 모델 활동을 병행하며 법조인의 길을 가려는 법학도, 가구 디자인에 몰두하는 국제학도까지. 이처럼 서로 다른 재능과 진로를 선택한 아이들의 이야기는 천편일률적인 성공을 좇는 우리 사회에 신선한 질문을 던진다. "한국이었다면 같은 선택을 하기 어려웠을 것"이라는 저자의 고백은 오늘날 우리 교육이 다시 생각해봐야 할 지점을 조용히 환기시킨다.

이 책을 따라가다 보면 불확실한 시대 속에서 아이의 미래를 어떻게 바라보고, 부모는 어디까지 개입해야 하는지에 대한 분명한 기준을 만나게 된다. 글로벌 시대에 걸맞은 인재를 키우고자 하는 모든 부모에게 이 책은 충분히 참고할 만한 자녀교육의 안내서가 될 것이다.

자녀를 키우는 부모들에게 현실적인 공감과 생각할 거리를 함께 건네는 책

_ 법무법인 율촌 변호사 **신기선**

2003년 3월, 친구는 아내와 두 딸을 데리고 미국으로 이민을 떠났다. 다시 돌아올 기약 없이 먼 타국으로 향하던 뒷모습이 오래 기억에 남아 있다. 그 가족을 다시 만난 것은 시간이 한참 흐른 뒤, 미국 동부 메릴랜드주 볼티모어 인근의 한적한 지역에서였다. 그곳에는 두 딸 아래 막내아들까지 더해진 다섯 식구가 살고 있었다.

그 사이 저자는 이민자로서 겪은 삶을 글로 기록하며 문단에 이름을 올렸고, 이 책에서는 세 아이가 각기 다른 어려움을 겪으며 미국 명문대로 진학하기까지의 과정을 담담하게 풀어낸다. 큰아이는 의사가 되었고, 둘째는 학업과 일을 병행하며 로스쿨에 진학했으며, 막내는 낯선 환경 속에서도 자신의 길을 찾아 아이비리그 대학에 진학했다.

책 속에서 인상적인 점은 성취의 결과보다 그 과정에서 부모가 취한 태도와 선택이다. 아이마다 다른 속도와 조건을 인정하고, 경쟁

보다 균형을, 통제보다 신뢰를 우선한 점이 일관되게 드러난다. 자녀교육의 핵심은 책 제목에 상징적으로 담겨 있다. 일요일마다 온 가족이 함께했던 '떡볶이 식탁'이다. 그 식탁은 단순한 식사가 아니라 이민 가정이 외부의 도움 없이도 가족 안에서 중심을 유지할 수 있었던 구조이자 기반이었다.

이 책은 미국에서 자녀를 키우는 부모들에게 현실적인 공감과 생각할 거리를 함께 건넨다. 아이를 성취로 밀어붙이지 않고, 어긋나지 않게 지켜내고자 했던 한 가정의 선택이 조용하지만 분명한 메시지로 남는다.

몇 날 며칠 동안 봄비가 내리던 2003년 3월 어느 날, 소풍을 가듯 들뜬 마음과 가보지 않은 미래에 대한 두려운 마음을 동시에 안고 엄마는 어린 두 아이의 손을 꼭 붙잡고 낯선 땅 미국에 첫발을 내디뎠다. 서울에서 부산으로 도시를 옮기는 것도 보통 일이 아닐 텐데, 하루 아침에 한국에서 미국으로 순간이동을 했으니 아이들이 얼마나 당황스러웠을까? 지금이라면 상상이 되겠지만 그때는 마치 이상한 나라의 앨리스가 된 기분이 아니었을까? 앨리스만큼이나 순진했던 큰아이는 어느새 다 자라서 이런 말을 한다.

"저는 절대 이민 안 갈 거예요!"

아이의 이 한마디에 내 가슴엔 무겁고 뜨거운 돌덩이 하나가 그대로 얹힌 듯하다. 결혼하면서부터 남편에겐 부푼 꿈이 하나 있었다. 미지의 나라에서 한번 살아 보고 싶다는. 하지만 실현되기 어려운, 밖으로 뿜어내지 못한 열망 같은, 그만의 꿈이었다. 요즘은 '○○에서 한 달 살아 보기'라는 말도 흔하듯 돈과 시간, 여건만 허락된다면 어디든 훌쩍 떠나 살 수 있는 세상이다. 하지만 그때는 그런 시대가 아니었다.

특히 우리의 상상 속 미국은 꼬부랑말을 하는 외계인들의 세계로 치부되었다. 당시 외국 사람이라곤 거의 접해 보지 못한 게 우리의 현실이었다. 그런 판국에 남편은 미국이 아니라도 좋다며 남아프리카나 뉴질랜드 같은, 미국보다 더 익숙하지 않은 나라의 이민을 설득하기도 했다.

그러다 가게 된 미국 이민. 그 미지의 땅이 얼마나 뜨거울지, 얼마나 살얼음일지 상상조차 해보지 못했을 뿐더러 단 한 번도 여행조차 가본 적 없던 곳, 그것도 한인이 별로 살지 않는 미국 동부 끝자락에 터를 잡았다. 운명이었다고밖에는 설명할 길이 없다. 하지만 지금 다시 그 시절로 돌아가 어디를 선택할 것인가 묻는다면, 나는 백악관 근처 아주 작은 주인 이곳 메릴랜드를 택할 것이라고 확실히 말할 수 있다.

그럼에도 당시 이곳에 정착하기로 한 것은 거의 미친 짓이었음을 지금도 실감한다. 직항으로서는 가장 먼 14시간(20년이 넘은 그때나 지금이나 비행시간이 똑같이 14시간이다. 이렇게 과학이 발전해도 그대로라니 신기할 따름이다)이 걸리는 거리를 어린 아이들과 함께 버텨내고 공항에 도착했지만, 아뿔싸 나는 두 아이 중 두 살배기 내 딸을 놓치고 말았다. 세상물정에 어리숙한 나는 그저 짐 찾는 데만 열중한 나머지 아이가 어디론가 없어진 것도 몰랐다. 모든 것이 새롭기만 한 나라에서 너무나 가슴 철렁한 사건에 맞닥뜨린 것이다.

영어 한마디 못하는 조그만 동양 가족이 아이를 잃어버렸으니 얼마나 대경실색할 노릇인가? 하지만 나는 그런 마음이 들기도 전에 발 빠르게 공항을 헤집으며 사방에 대고 소리치기 시작했다. 그렇게 한참을 목이 터져라, 아이의 이름을 불러대고 있는데 멀리서 딸아이가 겁에 질린 모습으로 서 있는 것이 보였다.

얼마나 다행이던지. 동생을 보자마자 일곱 살 난 아이의 언니가 먼저 울먹였다. 아이를 잃어버리고 되찾기까지 그리 오랜 시간이 걸리지 않았을지도 모른다. 공항 안 동선에 너무도 익숙한 지금은 불과 몇 분 동안 벌어진 일이었을지도 모른다는 생각마저 든다.

하지만 아이를 진짜 잃어버릴 수도 있겠다는 생각이 든 그 당시 나는 도저히 빠져나갈 수 없는 까마득한 동굴 터널에 갇힌 듯했다. 숨이 턱턱 막혀 왔다. 기억을 되짚어 보면, 짧은 순간이었음에도 나는 숨이 넘어가듯 자지러지는 듯한 공포를 느꼈다. 너무 큰 충격을 받은 나머지 뇌가 정지하는 것 같았던 그 순간을 죽을 때까지 잊을 수 없을 듯하다.

낯선 땅에서 맡는 비릿한 봄비 내음에 잠시 취해 있던 우리는 영화에서 본 듯한 뾰족하고 아담한 작은 시골집에 짐을 풀었다. 집 주위에 높다란 나무가 많은 탓인지, 집을 비운 지 오래된 탓인지 옷장 문을 열자 작은 벌레들이 쏟아져 나왔다. 깨끗한 한국 아파트에서만 살다 온 아이들이 소스라치게 놀라는 건 당연지사.

무엇보다 우리는 배가 고팠다. 지금이라면 스마트폰 클릭 한 번으로 아이들 먹을 음식을 배달시켰을 텐데…, 그 당시 우리는 당장 먹을 밥, 덮을 이불, 밤을 밝힐 전등을 사려고 무작정 거리를 헤매야 했다.

얼마나 많은 말을 해야 더디게 흘러가던 그때의 그 시간을 지금 여기에 풀어놓을 수 있을까? 얼마나 넓은 마음이어야 그 차디차던 봄비의 서늘함을 지금의 가슴에 담아낼 수 있을까? 부슬부슬 내리는 봄비가 왜 그리 서글프게 다가오던지…. 내 편은 아무도 없고 나를 도와줄 이 또한 단 한 사람도 없다는 사실이 공포스러울 뿐이었다. 행여 흔들리는 마음을 어린 자식들에게 들킬세라 매일 밤 나와 남편은 아이들을 다독이는 데 마음을 다했다.

3월에 부슬부슬 내리는 봄비는 아직 서늘했고 빗물 줄기 줄기마다 시린 가슴을 적셨다. 한국에서 흔하게 보았던 개나리꽃을 이곳에서도 조금씩 보게 되어 반가웠지만, 개나리꽃은 이내 벚꽃에게 자리를 내어주었다. 개나리 대신 반짝이는 벚꽃의 분홍빛 꽃잎들이 눈부시고 흐드러지게 거리를 물들이고 있었다. 하지만 공항에서 잠시 아이를 잃어버렸던 놀람이 채 가시지 않은 나는 봄꽃 봉오리 같은 아이의 손을 꽉 잡을 뿐이었다.

요즘은 결혼 적령기가 많이 늦춰져 서른 중반에도 노처녀라는 소리를 듣지 않는 세상이지만 나는 뭐가 그리 급했는지 스물다섯 살에 결혼하고 스물일곱 살에 엄마가 되었다. 돌아보면 철도 없고 엄마의 자질도 없는, 그야말로 무늬만 엄마였다. 아이가 아이를 낳았다고 할 판에 그마저 잃어버릴 뻔했으니 그 초조함과 당황스러움은 아슬아슬한 미국 생활의 시작을 알리기에 충분했다.

도착 첫날, 급한 대로 침대와 식탁 그리고 소파를 구매했는데, 우리는 거의 다섯 달 정도가 지난 한여름이 되어서야 그것들을 실제로 사용하게 되었다. 가구가 없으니 단단한 종이 상자가 우리의 음식 테이블이 되기도, 옷 수납장이 되기도 했다. 비행기 안에서 가져온 일회용 수저와 포크는 우리의 식기 역할을 해주었다. 그런 것들이 인형 놀이하듯 신기한지 킬킬거리며 수다를 떠는 아이들의 모습에 위안 삼아 같이 웃었던 그때가 가장 순수하게 행복했던 순간이 아니었나 싶다.

아무리 철이 없는 엄마지만 아이들과 함께 마냥 하늘만 쳐다보고 있을 수는 없었다. 학교는 보내야 하니 나는 물어물어 카운티 교육청을 찾아갔다. 당시 큰아이는 한국에서 초등학교 1학년을 마치고 온 참이었다. 하지만 미국은 한국과 학기제가 달라 다시 1학년에 편입해 두어 달 동안 학교에 다니고 난 후 여름방학을 거쳐 같은 해 가을 2학년으로 올라가게 되었다.

천만다행으로 1학년 때의 담임 선생님이 2학년 때도 담임으로 배정되어 아이가 적응하는 데 커다란 도움이 되었다. 20년이 흐른 지금 그때의 담임 선생님을 수소문해 점심 식사에 초대하니, 선생님은 아직도 우리 큰아이를 기억한다고 했다. 돌이켜 보면 전체 학년 중 한국 학생이 우리 아이 포함 두 명이었으니 기억하고도 남을 일이긴 하다.

학교에 들어간 지 며칠 지나지 않아 아이의 미국인 친구 네 명이 놀러 왔다. 미국 아이들은 동양인을 처음 봐서인지 신기해하며 서로 우리 아이와 친하게 지내려고 했다. 언어가 잘 통하지 않음에도 아이들은 즐겁게 어울렸다. 짜장라면을 해주면 얼굴에 짜장을 잔뜩 묻혀가며 먹기도 하고 김밥을 보고선 김에서 묘한 바다 냄새가 난다며 신기해했다. 아이들 못지않게 나 또한, 그런 아이에게서 낯선 느낌을 받곤 실소했던 기억이 난다.

우리 아이는 그중 유난히 귀엽고 친절한 아이와 친하게 지냈는데, 주말이면 가끔 슬립오버(친구집에서 밤을 보내며 함께 노는 모임)를 하기도 했다. 그런 다음 날이면 그 아이의 엄마는 너무나 고맙다는 감사 카드와 함께 커다란 꽃다발을 가져오거나 맛있게 구운 쿠키를 가져오기도 했다. 알고 보니 그 아이는 입양아였는데, 누구보다도 사랑이 가득하고 화목한 가정에서 자라고 있어 놀라움이 컸다. 그 아이는 지금쯤 어떻게 변하고 어떻게 성장해 있을까? 궁금하다.

매번 놀러 오는 아이들이 많아지고 함께 자면서 놀다 가기를 원하는 친구들도 늘어났다. 미국 아이들은 우리처럼 방이 두 개만 있는 작은 아파트에서 살아 본 적이 없었는지, 집이 인형의 집처럼 작아서 예쁘고 포근하다고 말했다. 인형의 집이라고? 처음엔 그 말이 의아하게 다가왔다. 저 아이들은 대체 얼마나 큰 집에서 살길래 그러지? 하고 말이다.

　나는 한참 뒤에야 알았다. 그 아이들의 집 뒷마당에는 마음껏 뛰어놀 수 있는 넓은 정원과 푸른 수영장이 갖추어져 있다는 것을. 그뿐만 아니라 규격화된 테니스 코트도 설비되어 있다는 것을. 어떤 집 지하에는 실제 크기만 한 실내 농구 코트가 마련되어 있다는 것을. 거기에서 농구 게임을 하며 생일파티를 즐기거나 신나게 자전거를 탈 수 있다는 것을. 생일파티 때 그런 곳에 초대되어 다녀온 우리 아이는 정말이지 행복해했다. 그런 아이의 모습에 우리 가족은 위안을 받았고, 미국이 아이들을 위한 최선의 선택지라 여기며 나는 향수병으로, 남편은 평소 하지 않았던 육체노동으로 힘들게 하루하루를 살아내고 있었다.

1장

큰아이에게 적용한
가정 교육의 기본 원칙

2장

아이마다
다른 기준이 필요하다는 것을
배운 둘째

3장 보호보다
신뢰를 선택해야 했던
막내

큰아이에게 적용한 가정 교육의 기본 원칙

1
-
미국식
개인별 맞춤 교육

미국에 정착한 지 몇 달이 흐른 어느 날, 우리 아이가 학교에 다녀오더니 이렇게 말했다.

"엄마, 우리도 큰 집으로 이사 가면 안 돼?"

물론 어린 아이가 한 말쯤으로 치부하며 넘기기는 했지만, 당당하게 이사 가자고 하는 일곱 살짜리 내 딸의 투정(?)이 내게는 압박으로 다가왔다. 그 시점까지 나는 과연 미국에서 오랫동안 살아야 할지 어쩔지 고민하고 있었다. 하지만 우리 아이의 그 말 한마디에 그래, 일단 여기에서 살아 보자 다짐하며 아파트보다 큰 타운하우스를 계약해버렸다. 큰아이의 이사 요청으로 인해 미국 땅에 머물기로 어렵게 결정했는데, 다 큰 지금 자신은 절대 이민 가지 않을 거라고 하니 참으로 아이러니한 일이다. 그사이 봄이 가고 커뮤니티 수영장이 오픈할 때쯤 학교로부터 상담을 요청하는 연락이 왔다.

잘 잡힌 교육청의 통역 시스템이 학교 상담을 거들어주었다. 아이의 입학 후 몇 달 동안의 학교생활기록부가 상담 자료였다. 그때만 해도 성적표가 수기로 적혀 있어 어떻게 봐야 하는지 알 수가 없었다. 한국처럼 과목별로 점수가 적혀 있는 것이 아니고, 아이마다 이미 나뉜 그룹 내에서의 성적이 나와 있었다.

적잖이 놀라웠던 건 아이들이 성적순으로 크게 어버브above, 온on, 빌로below 세 그룹으로 나눠 있다는 점이었다. 평준화 교육에 익숙해 있던 나에게 대놓고 성적으로 그룹을 나누어 공부를 시키는 개별화, 즉 개인별 맞춤 교육은 교육에 대한 내 인식을 바꾸어 놓기에 충분했다.

하지만 공부도 재능이라는 사실 하나만 놓고 볼 때 이는 당연한 일 아닌가? 재능에 따라 그림 그리기를 좋아하는 아이가 있고, 음악을 좋아하는 아이가 있고, 운동을 특별히 잘하는 아이가 있지 않은가. 공부 역시 다르지 않을 터. 잘하고 좋아하는 단계도 다를 것이고, 성취도도 성향 또는 개인에 따라 다를 텐데, 왜 공부만은 누구나 노력하면 다 잘할 것이라 착각하는 것일까? 성적과 적성에 맞춰 같은 그룹에서 함께 공부한다면 그 공간은 아이들에게 얼마나 행복한 세계가 될 것인가. 아이의 학교 상담 시간은 공부에 대한 나의 개념을 확실히 바꾸어 놓은 계기가 되었다.

미국에서 초등학교 상담 시간 주제는 무엇보다 공부가 우선이 아니었다. 공부는 뒷전이고 아이가 잘 적응하고 있는지가 관건이었다. 상담 선생님은 아이가 무엇에 흥미를 보이는지, 집에선 무슨 일을 하며 시간을 보내는지 물었다. 거기에 그치지 않고 한국의 역사에 대해 자세히 물었을뿐더러 우리 아이를 위해 특별히 교육과정을 바꿔가며 한국의 역사나 문화에 대해 배우고 있다고 했다. 그러면서 혹시 한국에 관한 자료가 있으면 보내달라고 하는 것이었다. 상담을 받으면서 나는 학교가 아이에게 적응할 기회를 주려고 노력한다는 인상을 받았다.

그다음으로 상담 선생님은 아이가 혹시 힘들어하는 점이 있으면 알려달라고 요청했다. 그때 나는 얼마 전 아이가 지나가는 말로 친구가 자기 이름을 웃기게 발음해 기분이 좋지 않았다고 한 말이 떠올랐고 선생님에게 그대로 전했다. 무심코 한 말이었는데도 선생님은 그 친구에게 주의시키겠다며 누가 그랬는지 알려달라고 했다. 하지만 아이는 결코 그 아이의 이름을 말하길 원하지 않았다.

다음 날 우리 아이가, 선생님이 아이들 앞에서 다른 아이의 이름을 바꾸어 부르면 안 된다며 그 친구가 상처를 받으니 반드시 이름을 제대로 부를 것을 당부했다고 전했다. 절대 그런 언행을 해서는 안 된다고 강조하면서.

과연 한국이라면 어땠을까?

한국 학교에 동남아시아에서 온 외국인 친구가 있다고 치자. 그때 선생님이 외국 아이의 편에서 어려운 아이 이름을 정확하게 발음하라고 학교 친구들에게 강하게 말할 수 있을까? 그 당시 한국은 개발도상국이었고 선진국의 반열에 오르기 위해 안간힘을 쓰던 때였다. 당연히 외국인을 볼 기회도 적었을뿐더러 각자 살기 바빠 다른 나라에서 온 아이의 입장은 생각해보지 않았을 것이다. 나는 아이의 미국 학교 상담을 통해 한국인으로서 우리가 미국인에게 존중받고 있다는 인상을 받았다. 그러면서 이러한 교육 시스템이 미래의 미국 사회를 버텨주는 큰 버팀목이 되리라는 생각이 들었다.

역시 한국에서 공부하다 온 학생답게 큰아이의 수학 성적은 좋은 편이었다. 아이는 거의 한 학년을 뛰어넘은 그룹에서 공부했다. 2학년인데 3학년 수준을 공부한다면 학교에서 선행학습을 시키는 셈이었다. 학원도 아닌 학교에서 성적으로 2학년이 3학년과 함께 배운다는 게 좀 낯설게 느껴졌지만, 문제 될 건 없었다. 반대로 영어는 2학년 수준이긴 한데 좋은 성적은 아니라고 했다. 그래서 수학은 3학년과 함께, 영어는 2학년과 함께 배우게 된다고 했다. 그 말을 들으며 초등학생인데도 대학생들처럼 학년 중심이 아닌, 각자의 수준에 맞춰 반이 형성된다는 걸 알았다.

한국 같으면 성적으로 아이의 수준을 나눈다는 사실에 비판이 거세겠지만, 미국은 오래된 관행 때문인지 그런 면에서 아주 관대했다. 무엇보다도 아이들의 만족도가 높았다. 레벨이 중요한 것이 아니라 자기가 속한 그룹에서 얼마나 즐겁게 공부하느냐에 초점이 맞춰져 있기 때문이다. 수학은 잘하지만, 영어는 잘 못할 수 있고, 수학은 못하지만 영어는 잘할 수 있는 것 아닌가? 또한, 미국의 학교는 음악을 잘하면 잘하는 대로, 미술을 잘하면 잘하는 대로 아이를 인정하고, 댄스를 잘한다면 그 자체도 인정해주었다. 나는 이런 교육 시스템 아래 꼭 공부를 잘해야만 인정받는 사회적 편견이 자연스레 없어졌다는 것을 알게 되었다. 1등부터 꼴등까지 오직 공부로만 줄 세우기를 하는 한국 교육을 받은 나에게는 분명 너무도 다른 시스템이었다. 하지만 그런 교육 체제 아래서 아이 셋을 다 키운 지금, 나는 미국의 세분화된 레벨 중심의 교육이 옳다고 감히 말하고 싶다.

상담을 끝내고 나서니 도서관에서 아이들의 웃음소리가 들려 왔다. 우리 아이도 곧 그곳으로 달려가 친구들과 합류했다. 딱히 도서관이라는 간판도, 문도 없었다. 게다가 도서관이라면 조용해야만 한다는 고정관념이 있는 나로서는 바닥에 앉거나 누워서 장난치며 책을 가지고 노는 아이들의 모습이 너무도 생소했다. 특히 위치적으로 학교에서 제일 중앙에 자리 잡은 도서관을 중심으로 복도가 빙 둘러쳐져 있어 어떤 곳을 가든 도서관 옆을 지나가거나 가로질러 가야만 했다. 내겐 이렇게 스스럼없이 도서관을 접할 수 있다는 사실이 무척 좋아 보였다.

그때껏 내가 아는 도서관은 누구에게 방해받지도 방해하지도 않고 책을 읽거나, 공부해야만 하는 곳이었다. 하지만 미국의 도서관은 누구나 자유롭게 이용하는 장소였고, 운동이나 토론, 공부를 위한 책을 빌려주는 작은 커뮤니티 공간이었다. 나에겐 그런 역할을 충실히 수행하고 있는 미국의 도서관이 그저 부러울 뿐이었다.

아이들과 헤어지고 도서관을 나선 우리는 곧장 서점 반즈앤노블 Barnes & Noble로 향했다. 읽을 책이야 학교에 넘치게 많다는 걸 확인했으니, 한국인의 습성대로 학습지를 사기 위해서였다. 수학은 잘한다니 다행이지만 모자란 영어 부분을 채우기 위해서는 학습지의 도움이 절실했다. 그때는 인터넷도 없고 물어볼 만한 한국 사람도 없고 서점도 많지 않았다. 오직 반즈앤노블에서만 학습지를 구매할 수 있었다. 우리는 학교 시스템대로 학년과 상관없이 공부하고 풀이할 수 있는 영어 학습지를 찾기 시작했다. 결국, 문법, 읽기, 쓰기 그리고 이해력 등 아이의 수준에서 공부할 수 있는 학습지 여덟 권을 샀다.

말이 여덟 권이지 하루에 한쪽씩만 공부한다고 해도 날을 새울 판이었다. 나는 걱정되어 아이에게 너무 많은 양인데 할 수 있을지 물었다.

"너 이거 다 할 수 있겠어?"

"하루에 두 페이지씩인데, 뭐. 할 수 있어요."

"그래 우리 열심히 해보자."

미국 초등학교는 학년별로 숙제의 양이 시간에 맞추어져 있다는 말을 듣게 되었다. 1학년은 십 분, 2학년은 이십 분, 3학년은 삼십 분 이런 식으로 학년별로 숙제의 양과 시간이 어느 정도 매뉴얼로 정해져 있는 것이다. 하지만 미국인이라면 응당 정해진 시간 안에 해낼 수 있는 쉬운 숙제가 우리 같은 이민 초짜에게는 곱절의 시간이 들어, 참 힘든 일이었다. 사전을 찾아가며 읽다가 보면 쓸데없는 정보에 시간을 들이게 되기도 했다. 그러다 정작 중요한 학교 숙제에 관한 정보가 없으면 허탈한 기분이 들곤 했다.

예를 들어, 아이 숙제 중에 '집에 있는 방문 크기는 무엇으로 재는 게 맞을까?', '학교에서 집까지의 거리는 어떤 단위를 쓰는 게 좋을까?', '소고기의 무게는 무엇으로 재는가?' 등등 한국이라면 쉽게 아이에게 설명해줄 수 있는 문제들이 있었다. 하지만 세계에서 유일하게 다른 거리, 무게, 크기의 단위를 쓰는 미국이다 보니 나 역시 이해되지 않아 아이를 도와주기에는 역부족이었다. 미국에서는 센티미터cm 대신 인치inch를, 킬로그램kg 대신 파운드lb를, 킬로미터km 대신 마일mile을 쓰기 때문이다. 한번은 방문 크기를 신발 크기에 맞춰 재보기도 하고, 학교에서 거리에 나오기까지의 걸음 수로 집까지의 거리를 재보기도 했다.

또한, 오늘은 기온이 어떻지, 라는 물음을 그리 자주 묻게 되는지 전에는 알지 못했다. 하지만 미국에서는 오늘 날씨가 몇 도지? 몇 도인데 이렇게 더울까? 추울까? 수시로 생각하게 된다. 이런 온도의 단위도 우리는 섭씨C를 사용하고, 미국은 화씨F를 사용하니 내가 느끼는 온도가 도대체 어느 정도인지 감을 못 잡아 힘들 때가 많았다. 아이러니하게도 지금도 날씨가 궁금하면 섭씨로 먼저 이해하고, 다음에 화씨로 고쳐 따져보게 된다. 먼저 한국말로 생각하고 영어로 말하듯 똑같이 버벅거리고 있으니 20여 년 세월이 참으로 무색할 뿐이다.

학교 숙제 시간이 길어지고 학습지 여덟 권을 차례대로 두 쪽씩 공부하다 보면 하루에만 서너 시간이 훌쩍 지나버리곤 했다. 그런데도 큰아이의 열정은 여기에서 멈추지 않았다. 그래도 모자라는 학습을 위해 아이는 학원에도 다녔다. 그 당시에도 개인학습 비용은 어마어마했다. 보통 미국 아이들은 학원에 다닌다는 개념은커녕 집에서 숙제 이외에 공부를 더 한다는 생각조차 하지 않았다. 이는 지금도 달라지지 않은 풍경이다. 그래도 지금은 동양 사람들의 영향으로 가끔 중국이나 한국 학원이 문을 여는 등 학원에 대한 인식이 달라지긴 했다.

아이는 개인적으로 선생님께 일주일에 한 번 2시간씩 영어 수업을 받았다. 집에서 하는 선행학습이 맞는 건지 위안 삼아 받던 수업인데, 두어 달 만에 그만두었다. 하지만 학습지는 계속했다. 하루에 두 쪽씩 공부하다 보니 한 권을 떼는 데 거의 석 달 정도가 소요되었다. 그렇게 다 끝나는 책이 있으면 다른 회사의 같은 레벨의 책을 찾아 또다시 공부했다. 예를 들어, 맥그로우McGraw 출판사 vocabulary Grade 2 영어 학습지가 끝나면 스펙트럼Spectrum 출판사의 같은 레벨 학습지를 다시 공부하는 식이었다.

많게는 세 개 정도의 출판사를 훑으면 다음 레벨로 올라가게 된다. 즉, 2학년 레벨Grade 2을 끝내고 나면 3학년 레벨Grade 3로 올라서는 것이다. 학교와는 별도로 집에서 3학년 공부를 미리 선행하고 있는 셈이었다. 이렇게 하다 보니 책 한 권이 끝난다 해도 매일 공부해야 하는 여덟 권의 학습지 양은 줄어들지 않았다. 아이는 매일 반복되는 학습지를 싫어하기는커녕 더 즐거워했다.

그러고 보니 큰아이가 한국에서 만 네 살쯤 공부했던 일일 학습지가 생각난다. 아파트 현관에 주머니를 메달아놓으면 학습지가 매일 그 안에 배달되었다. 선생님이 직접 방문하지 않고 그저 초인종만 누르고 가곤 했는데, 아이는 그 시간을 기다렸다가 초인종이 울리면 쏜살같이 뛰어나갔다. 그러곤 주머니에서 일일 시험지를 꺼내 들고 책상에 앉아 신나게 풀곤 했다. 말도 하지 못하고 글도 알지 못할 때도 빈 종이만 주면 온종일 무언가를 신나게 그리느라 바빴던 아이였다. 지금처럼 컴퓨터가 발달된 시대에 살면서도 손편지를 제일 좋아하고 매일 손으로 일기를 쓰는 걸 보면 타고난 기질은 어쩔수 없나 보다.

2
-
GT와
CTY.

미국 교육 시스템은 유치원 때부터 과목마다 레벨을 나누어 학생 개인마다 그룹별로 차별화된 학습을 시킨다. 앞에서도 말했듯이 등급Grade을 세 부분으로 나누고 다시 그 그룹에서 두 그룹으로 세분화해서 총 6단계 등급으로 나눈다. 또한, 주마다 다른 시스템이지만 메릴랜드는 초등학교 4학년부터는 GT Gift & Talent 반이라고 해서 아예 두 학년을 건너뛴 반으로 학생을 올려보내기도 한다. 그러다 5학년 말쯤에는 영어는 물론 수학, 과학, 사회 등 전 과목에 걸쳐 시험을 치러 각 과목의 GT반으로 가느냐, 일반 반으로 가느냐를 미리 결정하고 중학교에 입학하게 한다.

큰아이는 한국 아이답게 수학은 점수가 좋았으나, 영어점수는 그리 높지 않았다. 5학년이 되면서 중학교에서 공부하게 될 수학과 과학은 단번에 GT반이 되었으나 영어와 사회는 GT반이 되지 못했다. 그 결과지를 받아 오던 날 학교에서 돌아온 아이는 식음을 전폐하고 하늘이 무너져라, 엉엉 울었다. 그렇게 억울하고 서럽게 우는 모습은 큰아이가 태어나서 처음이자 마지막이지 않을까 생각될 만큼 정말 큰 소리로 울고 또 울었다.

그 모습을 보게 된 어떤 분이 팁 하나를 주었다. 이렇게 아슬아슬하게 점수가 모자라 떨어진 경우, 학생에 대한 부모의 의견을 모아 정중하게 학교에 편지를 써 보내는 방법이 있다. 그러면 재량껏 GT반에 들어가게 해주는 경우가 있다는 희망적인 말이었다. 집이 떠나가도록 서럽게 우는 아이의 모습을 부모로서 가만히 보고 있을 수만은 없는 노릇이었다.

우리 부부는 영어 선생님에게 정중하고도 간절하게 아이에 대한 편지를 썼다. 먼저 아이가 진정으로 GT반에서 공부하길 원한다, 부모로서 열심히 지원할 것이다, 만약 기회를 한 번 준다면 아이의 자존감도 지켜질 것이고 아이의 미래에 청신호가 켜질 것이다, 등등 제발 한 번만 우리 아이를 믿어달라는 간곡한 내용이었다.

그 간절함이 통했는지 긍정적인 답장이 왔다. 평소 아이가 열심히 공부하고 성실하니 GT반에 가더라도 잘 따라갈 걸 믿어 의심치 않는다, 오히려 이렇게 부모가 지원해줘서 감사하다, 라는 말과 함께

GT반에 들어갈 수 있는 합격증을 보내주었다. 비록 시험 성적은 그 반에 미치지 못했지만, 그동안 아이가 학교에서 보여주었던 성실한 태도를 인정해준 것이었다. 아이의 노력이 헛되지 않았음을 증명해준 답장이었다. 우리는 우리의 간절함이 통해 아이에게 기회가 주어졌다고 믿었다.

만약 큰아이가 그토록 간절히 영어 GT반에 들고 싶어 하는 대신 그냥 포기했었더라면 어땠을까? 물론 일반 반에 들어가서 열심히 공부하면 다시 기회가 주어질 수도 있었을 것이다. 하지만 그 상실감으로 인해 어떠한 방향으로 진로가 전환되었을지는 아무도 모르는 일이다. 아이의 사춘기 시작점이 딱 그때였기 때문이다. 이 일을 계기로 우리는 무슨 일이든 곧바로 포기하기보다 기회를 찾아 한 번 더 노력하고 마음을 다해 결과를 기다리는 법을 배우게 되었다.

전 과목을 GT반에서 공부하게 된 아이는 중학교 3년 동안 학점 A를 유지했다. 성적표에 학교 등수가 나오지 않으므로 우리는 아이가 학교에서 얼마만큼 잘하고 있는지 알 길이 없었다. 대학 원서에도 들어가지 않으니 등수를 별로 신경 쓰지 않는 게 보통이었고, 그저 GT반에서 학점 A를 유지하고 있으니 '다행이다' 싶은 정도였다.

만약 우리가 사는 곳의 학군이 좋지 않았다면 사립학교에 보내야만 했을 수도 있다. 동부지역이고 워싱턴DC에서 가깝고 버지니아의 페어팩스만큼 학군이 좋기로 소문난 이곳은 페어팩스에서 한 시간가량 떨어진 곳이다. 이곳 하워드 카운티_{Howard County}는 메릴랜드에서 손꼽히는, 사립학교를 보내지 않아도 안심할 수 있는 그런 좋은 학군이다. 학군이 좋다는 것은 학교 자체의 성적이 좋다는 의미로, 그래서인지 아이는 다른 과외 수업을 받을 일이 없었다. 학원은 굳이 다니지 않았지만, 중학교 때까지 공부한 학습지는 우리 아이의 실력을 향상하는 데 큰 도움이 되었다.

그러다 새로운 정보를 하나 얻게 되었다. 메릴랜드에서 의과대학으로 유명한 존스 홉킨스 대학교가 집에서 30분 거리에 있는데, 그곳에서 여름 방학마다 CTY Center for Talented Youth 라는 영재 섬머스쿨 학생을 모집한다는 내용이었다. 미국의 많은 유명 대학들이 섬머스쿨을 운영하지만, 영재 스쿨이라는 프로그램은 존스 홉킨스에서 최초로 만들었다고 한다. 이후 존스 홉킨스 영재 섬머스쿨은 세계적으로 유명하게 되었다.

웬만한 한국 엄마들도 다 안다는 CTY는 더 많은 배움을 열망하는 우리 아이에게 더할 나위 없는 프로그램이었다. 그런데 CTY에 들어가기 위해서는 넘어야 할 관문이 하나 있었다. 저학년은 다른 시험으로도 되지만 7학년부터는 미국 대입 수능시험인 SAT 점수가 필수 조건이었다. SAT는 이르면 고등학생인 10학년부터나 보는 시험인데, 6학년으로 한참 어린 우리 아이가 그 시험을 봐야 한다는 조건이 붙은 것이다.

보통의 경우 미국에서 있을 수 없는 일이지만 그게 현실이니 어쩌겠는가! 학원 한 군데 다니지 않았음에도 큰아이는 CTY에 도전하겠다고 선언했다. 우리는 여기저기 수소문해서 큰아이를 SAT 학원에 등록시켰다. 6학년인 아이는 고등학교 언니 오빠들과 함께 공부했고, CTY에서 원하는 6학년 수준의 SAT 점수를 통과했다. 6학년이 끝나고 7학년이 되기 전 여름방학에 아이는 집에서 2시간 정도 떨어진 대학 기숙사로 3주짜리 캠프를 떠났다.

한국으로 치면 초등학교 6학년이다. 그 어린아이가 가족과 떨어져 대학 기숙사에서 3주 동안 세계에서 모여든 다른 나라 아이들과 생활해야 한다니 먼저 걱정이 앞섰다. 등록비도 얼마나 비싼지. 매일 학원엘 다닌다고 가정하면 학원비 전체를 3주 안에 몽땅 털어 넣는 셈이었다. 비싼 만큼 좋은 결과가 나오기를 바라는 수밖에.

그렇게 어렵사리 보낸 3주간의 섬머스쿨 생활은 어땠을까? CTY 영재 섬머스쿨은 전 세계적으로 유명한 캠프라 많은 학생이 참여한다. 그런 만큼 학생 모두를 존스 홉킨스 캠퍼스에서 소화할 수 없어 다른 대학과 연계해 동시에 3주간 캠프를 진행한다. 그만큼 CTY는 미국에서 캠프를 경험하고픈 아이들에게 선망의 영재 스쿨이라 할 수 있다. 우리 아이는 펜실베이니아에 있는 프랭클린 앤 마셜 대학 FRANKLIN & MARSHALL College에서 하는 캠프에 참여하게 되었다.

선택할 수 있는 과목도 아주 다양하다. 수학에서부터 과학, 문화, 예술뿐만 아니라 레고를 만드는 창의적인 과목까지 다양한 주제를 선택해 각자 원하는 과목을 들으면 된다. 이때 SAT에서 수학과 영어시험을 보게 되는데 두 과목 모두 합격하면 원하는 과목을 선택할 수 있다. 하지만 영어는 안 되고 수학만 통과한다거나 수학은 안 되고 영어만 통과하면 과목을 정하는 데 제한이 있다.

큰아이는 두 과목 모두 기준 점수를 받아서 선택 과목에 제한을 받지 않았다. 당시 수학만 합격해서 문학적인 분야의 과목을 선택할 수 없었던 아이가 있었다. 그 아이가 다시 한 번 시험에 도전해 마침내 원하는 과목을 들을 수 있어 기뻐했던 기억이 난다. 내겐 비록 어린 아이들의 캠프지만 점수 제한을 둔 이 제도가 정말 원하면 최선을 다해 그 과목을 공부해야 함을 알려주는 지표로 받아들여졌다. 또한, 합격 점수 이상의 아주 높은 점수를 맞으면 그에 따른 보상도 주어진다. 해당 학생과 부모를 학교에 초대해 상을 받는 영광을 주는 것이다. 이 또한 세계적으로 유명한 프로그램에서 상을 받았다는 자부심을 심어줌으로써 아이의 인생에 중요한 터닝 포인트의 기회를 주는 제도라 여겨졌다.

큰아이도 상을 받게 되어 우리 부부도 대학을 방문했다. 프로그램을 관장하는 담당자가 큰 무대에서 한 명씩 이름을 부르며 손수 상을 주고 사진을 찍어주었다. 더불어 아이들과 악수하고 포옹함으로써 그들에게 학교에 대한 자긍심을 심어주고 부모도 박수를 받는 영예로움을 안겨주었다.

조금은 빛바랜 추억이지만 지금도 그때의 사진이 남아 있다. 이 일은 미국에 온 지 얼마 안 된 우리에게 아이의 공부 성과를 보여준 한 이벤트로서 힘든 미국 생활이 헛되지 않았다는 증거가 되어주고 있다. 전통이 오래되었기도 하지만 높은 대학 순위를 유지하고 있는 아담하면서도 고풍스러운 대학이 메릴랜드주 볼티모어라는 작은 도시의 집 근처에 있다는 것도 하나의 큰 행운이었으리라.

만약 하버드대학교가 집 근처에 있었다면 그 대학이 우리와 조금 더 밀접한 학교가 되었을 것은 부인할 수 없는 사실이다. 이는 사는 곳이 어딘가에 따라 아이들 정서와 꿈이 충분히 달라질 수 있다고 생각한 계기가 되었다. 반대로 만약 집 부근의 환경이 위태롭거나 위험했다면, 그 또한 우리 아이들의 미래에 적잖이 영향을 미쳤을 거라고도 생각하게 되었다.

한국에서는 대학입시 때 농촌 지역이나 산간 지역 그리고 외지에 사는 아이들에게 조금이나마 가산점을 주고 있다고 들었다. 대신 미국은 지역보다는 집안의 환경을 본다. 만약 집안 최초로 대학에 지원한다거나 최초로 의대 혹은 로스쿨에 지원할 때 가산점을 준다. 또한, 한국은 거의 그럴 일이 없지만, 미국은 인종에 따른 진학률이 학교마다 규정되어 있어 인종이 다르면 그에 따른 가산점이 다르다. 예를 들어, 흑인은 백인이나 우리 같은 아시안에 비해 열악한 환경에서 지원하는 것을 고려해 입시에서 다른 규정을 적용한다.

그래서 이곳 아이들은 "내가 만약 흑인이나 스페인어권 학생이었다면 하버드대학교에 들어갈 수 있었을 텐데", "내게 만약 인디언의 피가 0.3% 이상 흐른다면 특례법이 적용되어 좋은 학교에 들어갈 수 있었는데"라고 말하기도 하고, "내 마지막 성이 미국 사람의 그

것이었다면…” 하고 아쉬워하는 농담을 주고받기도 한다. 그럴 정도로 대학마다 나름 공평한 잣대를 입시에 적용하려고 애쓴다. 물론 공평이란 말이 누구에게나 같은 잣대일 수는 없다. 그래서 미국 입시에서는 무엇보다 문화와 전통 그리고 그 시대의 시대상을 잘 반영하는 일이 중요하다.

여하튼 우리는 존스 홉킨스에서 30분 정도 떨어진 거리에 살고 있어 그곳에 관한 정보를 접할 기회가 많았다. 큰아이가 고등학생일 때 존스 홉킨스에서는 대학 진학에 관한 세미나를 열었고, 큰아이는 당시 인턴 기회를 잡을 수 있었다. 그것만 봐도 자신이 정말 원하면 길은 열리게 되어있다는 걸 알 수 있다. 물론 기회가 왔을 때 그 기회를 잡지 못하고 스쳐 지나간다면, 그저 한낱 바람에 불과하겠지만 말이다. 기회는 잡으려 하는 자에게 보이는 것이고, 준비된 자만이 그 기회를 잡을 수 있다는 말이 성립되는 일화 아닐까? 스스로의 노력이 그 기회를 잡는 첫걸음이라는 건 두말할 필요도 없으리라.

앞으로 돌아가 CTY 이야기를 다시 이어가 보자. 드디어 여름 3주간의 캠프가 시작되었다. 캠프는 3주간씩 두 번으로 나뉘어 진행되는데, 1기에 참여할 것인지 2기에 참여할 것인지는 자신의 스케줄에 맞추어 정할 수 있다. 두 번 모두 참여하는 아이도 있다고 들었다. 같은 과목을 두 번 공부하거나 다른 과목을 찾아 듣는 아이의 경우 6주간 프로그램에 참여할 수 있는 것이다.

이는 아이의 성향과 재력(?)에 맞추어 정하면 된다. 큰아이는 1기해부학을 선택했다. 해부학을 고른 이유가 참으로 심박하다. 여러 과목 수강을 생각해보더니 의과대학을 가겠다는 꿈이 과연 자신의 꿈일까? 아니면 엄마의 영향으로 엄마가 되고 싶었던 꿈을 대신하는 건 아닐까? 의심이 되었나 보다.

자신의 꿈인지 엄마의 꿈인지 스스로 알고자 해부학을 선택한다는 말에 나는 큰아이가 진심으로 자신의 꿈을 찾기 바랐다. 현재 오십 대인 나도 나를 알아가는 여정을 밟고 있고 죽을 때까지 내가 누구인지 찾아가는 게 인생일 텐데, 과연 십 대가 자신에 대해 얼마나 알까? 나는 어떤 식으로든 자기 자신을 찾아 나선 아이의 열정에 박수를 보냈다. 한낱 보잘것없는 미물에 칼을 댄다는 것도 쉬운 일이 아닐 텐데 이름에서 느껴지듯이 해부학이라는 과목을 웬만한 강심장이 아니고서는 감당하기 힘들 터. 한국 의과대학에 들어간 내 친구가 첫 시간에 쥐를 해부하는데 토할 뻔했을뿐더러 거의 기절할 정도로 싫었다는 말을 들은 적이 있다. 그런 만큼 어린 아이가 동물을 해부한다는 것이 쉬운 일은 아니리라.

해부학이라는 과목을 선택한 후 3주간 대학 기숙사에서 지내려고 하니 필요한 물건들이 생각보다 많았다. 실제 대학생들이 사용하는 기숙사가 아니라 텅 빈 방에 딱딱한 침대와 매트리스 그리고 작은 책상만 덩그러니 놓여 있었을 뿐이니까. 매트리스 커버와 이불은 물론 베개와 작은 선풍기, 거울 심지어 옷걸이까지 준비는 해도 해도 끝이 없었다. 1년을 살든 한 달을 살든 단 며칠을 살든 필요한 건 필요하다는 걸 실감했다. 그러다 미국 기숙사엔 정말 아무것도 준비된 게 없나, 의구심이 일었다. 혹시 학교가 오래되어 낙후해서 그런 건가 싶기도 했고. 그런데 아니었다. 모든 대학이 똑같았다. 나중에 이야기하겠지만 영국의 옥스퍼드대학교도 똑같은 시스템으로 운영된다. 우리는 화장지와 세면도구며 샴푸, 트리트먼트까지 모든 걸 챙겨 드디어 아이를 캠프에 입성시켰다.

아이는 아주 씩씩한 모습으로 학교에 들어갔다. 나도 남편도 한국에서 기숙사 생활을 해본 적이 없었으니, 아이가 우리 가족 처음으로 기숙사 생활을 시작한 셈이었다. 그것도 미국에서 말이다. 신기하기도 하고 조금 힘들겠다 싶었지만 내심 '기숙사에 대한 로망을 아이가 대신 이뤄주지 않을까?' 하는 기대도 했다. 그저 3년만 살아보자는 말에 남편을 따라왔던 미지의 나라, 미국에서 아이들은 그들의 미래를 향해 한 발 한 발 조심스럽게 발을 내딛고 있었다. 그 첫걸음이 바로 CTY가 될 줄 그때는 미처 알지 못한 채.

큰아이가 캠프에 들어간 후 둘째 아이 또한 CTY에 도전했다. 초등학교 2학년부터 캠프 참여가 가능한데 2학년부터 5학년까지는 SAT가 SSAT라는 시험을 봐야 한다. 지금은 더욱 다양한 시험을 통해 합격 여부를 가름한다. 둘째 아이는 2학년 때 시험을 보았고 수학에서 뛰어난 점수로 상을 받았다. 6학년부터는 기숙사 생활이 가능하지만, 그보다 저학년은 데이스쿨이라고 해서 집에서 등하교하는 프로그램이 마련되어 있다.

5학년 때 이 프로그램에 참여한 둘째 아이는 그다지 좋은 성과를 내지 못했다. 너무 어린 나이에 참여하기도 했지만 역시 뛰어난 아이들과 같은 공간에서 공부하고 자면서 대화도 나누고 해야 더욱 깊이 있고 돈독한 사이가 된다는 걸 알았다. 둘째 아이는 저학년 때 한 번 캠프에 참여한 후 몇 년 뒤 고등학교 때 SAT를 보고 CTY 프로그램에 들어갔다.

기숙사 생활에 들어간 큰아이에게서 전화가 왔다. 아이는 한국 음식이 너무 먹고 싶다고 했다. 미국 음식만 먹다 보니 질려서 즉석밥과 컵라면 같은 한국 인스턴트 음식이 필요하다고 긴급 SOS를 쳤다. 우리는 급히 먹을 것을 챙겨 아이가 공부하고 있는 프랭클린 앤 마셜 대학으로 갔다. 먼저 아이의 표정부터 살피는데 아이가 너무도 해맑게 웃고 있는 모습이 눈에 들어왔다. 아이는 아주 행복한 표정으로 우리를 맞이했다. 그러면서 내민 사진을 보고 우리는 당황하지 않을 수 없었다. 사진 속 아이의 눈에는 투명한 보호 안경이 쓰여 있었고 손에는 수술용 파란 장갑이 끼어 있었다. 아이는 그런 모습으로 개구리 뒷다리를 들고 활짝 웃고 있었다. 나중에 이 사진은 CTY 광고용으로 쓰일 만큼 해부학의 본질을 생생하게 보여주는 실례가 되었다. 해부학을 이렇게 즐겁게 공부할 수 있다는 단적인 예가 되었다.

우리는 일단 안심했다. 해부학이라는 어려운 과목이지만 아이가 선택한 의과대학에의 첫발이 누구도 아닌 자신의 결정이었음을 또렷하게 보여주었기 때문이다. 그 뒤로도 아이의 대학 캠프 생활은 즐겁게 이어졌다.

CTY는 아이에게 너무도 중요한 몇 가지를 알게 해주었다.

　첫 번째, 의과대학을 가고자 하는 희망이 스스로 내린 결정이었다는 사실이다. 이는 지금 스물아홉 살로 존스 홉킨스 병원 성형외과 의사가 된 시점에도 적용된다. 자신의 결정인 만큼 난관이 닥쳐도 극복하는 힘을 주었으니 말이다. 만약 이 꿈이 엄마의 꿈이었다거나 대대로 이어진 집안 환경에 떠밀려 이루어진 결과였다면, 그 과정에 있었을 수많은 난관을 어찌 헤쳐나갈 수 있었겠는가.

　두 번째, 나름 학교 성적이 좋다고 생각했던 아이는 CTY에서 만난 대단한 친구들을 보고 세상이 넓다는 걸 알았다고 했다. 영국에서 온 여학생, 벨기에서 온 남학생, 홍콩에서 온 여학생, 미국 캘리포니아에서 온 남학생 등 일단 공부에 진심인 아이들이 모였고, 해부학이라는 공통 관심사를 가진 친구들이기도 했다. 서로 배울 점이 많은 그들은 3주간 한 공간에서 공부하고 이야기하며 사춘기 시절의 빛나는 시간을 함께했다. 그 아이들은 훗날 하버드대학교 로스쿨을 가거나 예일대학교에 들어가서 의사가 되고 판사가 되었다. 지금도 좋은 영향력을 주고받는 친구로 남아 있어 CTY가 준 커다란 선물로 여겨진다.

　세 번째는 CTY에 참석한 아이들 중 대부분은 공립학교에 다니는 큰아이와 다르게 사립학교에 다니고 있었다. 공립과 사립을 구분하자면 많은 차이가 있는데 먼저 교육과정이 다르다. 공립은 전체 아이들의 중간 점수를 기준으로 잡고 모든 아이를 거기에 맞추어 교육 과정을 짤 수밖에 없는 시스템이다. 하지만 사립은 일단 어려운 시험을 통과한 우수한 학생단이 이미 형성된 만큼 굳이 낮은 점수에 기준을 맞출 필요가 없다. 오히려 개인의 성향과 학업 성적을 따져 대학까지 맞춤식으로 학생을 이끌어준다. 거기에 비하면 우리 큰아이는 공립을 다니다가 캠프를 가게 된 경우다. 아이는 캠프를 다녀오자마자 사립고등학교에 보내달라고 요구했다. 미국에 도착하고 겨우 1년 만에 큰 집으로 이사가자고 한 말만큼이나 사립에 대한 지식이 전무한 우리에게는 날벼락 같은 말이었다.

3
-
한 번만 가볼게요,
미국 명문 사립고등학교

이 때부터 우리는 사립학교에 대한 조사를 시작했다. 돈만 내면 받아주는 사립도 있고, 들어가기도 어렵고 학비도 대학 등록금만큼이나 비싼 사립도 있었다. 하지만 우리는 미국 사립고등학교 순위 10위나 적어도 20위 안에 드는 학교가 아니면 굳이 사립을 가야 할 이유가 없다고 생각했다. 사립고등학교를 검토하면서 느낀 것은, 일단 공부를 기본으로 잘해야 하고, 최고 수준의 음악이나 미술 등의 과외 활동을 해야 하며, 재력 또한 만만치 않아야 한다는 것이었다.

먼저 아이는 사립고등학교 입학을 위한 SCAT School and College Ability

Test 시험도 보고, 바이올린 켜는 모습을 녹화해 CD에 담고, 그때 당시 한창 몰두하고 있던 재즈 댄스도 비디오에 담았다. 학교 학생회 일도 열심히 하고 있었던 만큼 선생님의 추천서도 받았다. 중요한 건 에세이를 써내야 하는데 학원에서는 에세이를 도와주는(거의 써준다는 말로 들렸다) 비용으로 2천 달러를 요구했다. 그때는 그만한 돈도 없었지만, 대학도 아니고 고등학교에 들어가는 데 필요한 에세이 한 편 값을 그렇게나 많이 받는다니…. 한국이나 미국이나 돈만 있으면 뭐든지 할 수 있구나, 씁쓸해하며 단호히 거절했다.

사립고등학교 입학 원서를 쓰는 일은 만만치 않았다. 커먼앱 Common App(미국 대학입시에서 가장 널리 사용되는 공통 지원서 플랫폼)은 학교마다 공통으로 작성하는 것이라 간단하면서도 각각의 학교마다 질문이 모두 다르고 어떻게 답을 해야 좋을지 대략난감한 부분이 많았다. 부모가 생각하는 아이의 성격을 작성하라든지, 부모가 어떠한 원칙으로 아이를 교육하고 있는지 등과 같은 질문에 대한 답은 거의 에세이 수준의 문학적 소양을 발휘해야 했다. 일단 우리는 내가 한국말로 적으면 아이가 영작하는 식으로 원서를 썼다. 지금 생각하면 어른의 글을 아이가 영어로 제대로 표현했을 리 없을 텐데, 그 누구의 조언도 받지 않고 원서를 제출했다는 게 참으로 어이없어 얼굴이 붉어질 따름이다.

오로지 우리의 힘으로 작성한 원서를 열 개의 사립고등학교에 제출하고 인터뷰를 기다렸다. 그렇게 허술한 원서임에도 몇몇 학교에서 인터뷰하자는 연락이 왔다. 인터뷰하자는 것은 1차 서류 전형에는 합격했다는 의미로 받아들이고 우리 가족이 가기 편한 순서대로 여행 겸 인터뷰 일정을 잡았다.

그러다 보니 동부 맨 위쪽 메사세추스에 있는 학교부터 인터뷰 일정이 잡혔다. 우리 가족은 가벼운 옷차림으로, 그래도 아이는 세미정장을 입히고 첫 번째 학교에 도착했다. 그 학교는 사립고등학교 순위 1, 2위를 다투는 곳이었다. 학교에 들어서는 순간 우리는 깜짝 놀라지 않을 수 없었다. 그저 여느 고등학교와 같겠거니 했는데, 캠퍼스가 웬만한 대학 못지않게 크고 아름다웠다. 학생들은 모두 크고 성숙해 학교 유니폼만 입었지 진한 화장을 하고 넥타이를 매고 삼삼오오 어울려 다니는 모습이 대학생처럼 자유롭고 밝아 보였다.

우리처럼 인터뷰하러 온 사람들이 몇몇 눈에 띄었는데 그 모습을 보는 것만으로도 우리는 기가 죽을 수밖에 없었다. 우리는 너무도 자유로운 여행객 차림에 막내를 태운 유모차에 반려견까지 총출동해 정신없는 모습인데 다른 가족은 모두 멋진 정장 차림에 군더더기 가족은 보이지도 않았다. 정말 인터뷰만을 위한 모습이었다. 특히 아이만 인터뷰하는 게 아니라 부모까지도 따로 인터뷰한다는 걸 우리는 전혀 알지 못했다. 그 당시 우리는 미국 땅에서 살고는 있지만, 아시아 문화를 떨치지 못한 상태였다. 미국에 대해 몰라도 한참 몰랐던 시절이었음을 회고하지 않을 수 없다.

그렇게 몇 학교 인터뷰에 더 응하고 우리는 지친 모습으로 집에

도착했다. 미국에서 사는 우리도 이렇게 힘든 일인데, 한국에서 어떻게 미국 사립학교를 보낼 수 있을까? 특히 아이만 사립학교에 보내고 부모는 한국에 있다면, 그 불안감을 어떻게 감당할까? 미국에 살면서 기러기 부모를 많이 만나게 되는데, 좋은 결과를 맺기 어려운 게 현실이다.

아이로서는 가장 힘든 사춘기 시절에 부모 중 한 사람이 없는지라 어디 한 곳이 빈 어긋난 교육이 될 수밖에 없다. 만약 부모 모두 부재한 환경이라면 더욱더 좋은 결과를 얻기 힘들다. 주위에서 이러한 사정을 듣고 보면서 부모와 아이들이 함께 공부하고 부대끼며 대화를 나눌 수 있는 우리의 환경이 이 세상에서 가장 값진 선물 중의 하나임을 뼈저리게 느끼게 되었다.

사립학교에 보내면 일단 아이가 부모와 떨어져 독립적으로 살아야 한다. 하지만 무엇을 위해서 그런 희생을 감내해야 하는지 나 또한 그 당시에는 알지 못했다. 그저 아이의 자율성을 믿고 맡긴 채 사립학교 전학을 진행했었다. 그러다 집에서 멀지 않은 사립학교에서 합격통지서가 날아온 건 몇 달 뒤였다. 대학에 합격한 것도 아닌데 우리 가족은 뛸 듯이 기뻐하며 신바람이 났었다.

학비는 그다음 일이었다. 무슨 배짱으로 사립학교에 보낼 생각을 했는지, 지금 생각해봐도 어처구니가 없는 일이다. 우리에게는 한 명이 아니라 세 명의 아이가 있고 남편도 그 당시 사업가가 아닌 평범한 직장인이었기 때문이다. 나 또한 집에서 아이만 키우는 가정주

부였는데 말이다.

하지만 당시 우리는 그런 것까지 생각할 여유가 없었다. 입학하기 전에 학생들과 선생님을 위한 리셉션이 있었다. 리셉션이 끝난 후 하루 동안 직접 교실에서 수업을 받아 보고 입학을 결정하라는 편지가 왔다. 그럴 수도 있는 것이 미국은 고등학교가 9학년부터 12학년까지, 즉 4년제다. 한국은 무조건 3년제지만 미국은 다르다. 우리 아이는 9학년에 원서를 넣은 것이 아니라 10학년에 들어가는 것이어서 이미 다른 아이들이 고등학교에 다니고 있을 때였다. 그런 만큼 리셉션에 온 아이들과 부모들은 모두 잘 알고 있는 상태였고, 큰아이는 전학을 오려는 학생이었다. 그래서 하루 동안 같이 공부해본 후 결정하라고 배려해준 것이다.

아이를 리셉션장까지 데려다만 주고 바로 올 요량으로 나는 의상에 신경을 쓰지 않은 상태였는데, 어떤 중년 백인이 반갑게 악수를 청하며 인사해 오는 것이 아닌가. 알고 보니 그 학교 교장이었고 이미 우리 아이가 올 거라는 걸 알고 있었던 것 같았다. 교장뿐만 아니라 만나는 선생님마다 큰아이의 이름을 부르고 먼저 반갑게 인사를 건네 온 걸 보면.

선생님들 너머에는 많은 부모와 학생들이 서 있었다. 남자들은 한눈에도 멋져 보이는 정장을 입었고, 여자들은 반짝이는 드레스를 입고 한 손에는 와인 잔을 들고 있었다. 아뿔싸! 리셉션이 이런 거였나? 나는 아이만 리셉션장에 밀어 넣고 도망치듯 밖으로 나왔다. 도저히 내가 낄 자리가 아니었다. 동양인에 평상복 차림의, 영어도 못하는 초라한 부모라니. 차 안에서 아이의 수업이 끝날 때까지 기다리는 동안 나는 내내 나 자신을 학대하며 그 시간을 보냈다.

기다리는 시간이 마치 한 달은 된 것 같다는 기분이 들었다. 하필 나처럼 말 못 하는 사슴 가족이 내게 다가왔고, 큰 사슴의 눈망울에 맺힌 눈물이 내 눈에 맺힌 눈물과 뒤섞여 버렸다. 나는 당장이라도 그곳에서 도망치고 싶었다. '뱁새가 황새를 따라가면 다리가 찢어진다', 라는 속담이 절로 생각나는 상황이었다. 게다가 그들의 두꺼운 와인 잔으로 큰아이의 얇디얇은 유리잔을 툭 쳐버릴 것 같은 불안감마저 들었다.

눈물을 훔치고 있는데 멀리서 터벅터벅 걸어오고 있는 큰아이의 모습이 보였다. 아이도 나처럼 어깨가 처져 있었다. 어쩌지. 순간 눈물이 또 나오려는 걸 겨우 참고 아이를 반갑게 맞이했다. 차를 탄 아이는 한동안 말이 없었다.

집으로 돌아오는 길에 우리는 많은 대화를 나눴다. 큰아이는 온종일 모르는 아이들과 어울려 수업을 듣고 함께 점심을 먹었다. 선생님들도 너무 친절하게 자신을 맞아주어서 감사한 마음이 들었고…. 하지만 뭔지 모를 부담감 혹은 거리감을 느꼈다고 했다. 적당한 한국말을 몰라 한참을 헤매다 찾아낸 단어가 바로 괴리감이었다. 괴리감이란 나와 동떨어진 생활을 하는, 뭔지 모를 다른 모습으로 사는 사람들 사이에서 느껴지는 묘한 기류를 뜻하지 않는가. 나나 큰아이가 느낀 분위기가 바로 그랬다. 그들과는 너무도 동떨어진 환경과 문화에서 생활하다 그들 속에 내던져진 기분이랄까.

공립학교는 같은 동네 아이들끼리 유치원부터 시작해 고등학교를 졸업할 때까지 거의 비슷한 환경에서 공부하게 된다. 같은 길을 걷고 비슷한 감성으로 함께 성장하고 닮아간다. 마치 한국 시골의 정서처럼 다정다감하게 정을 나누며 사회적 이슈를 공통으로 화젯거리로 삼는다. 그런 게 공립학교 시스템이다. 학교 성적 또한 중간 지점을 찾아 너무 잘나지도 너무 못나지도 않은 아이들끼리 공부하기 때문에 오히려 뛰어난 학생에게는 학교에서 지원해주는 부분이 적을 수 있는 곳이 바로 공립학교다. 그런 단점도 있지만 아이나 부모나 튀지 않는 범위 내에서 같이 나아가기에 괴리감 같은 것은 느끼지 못하게 된다.

하지만 사립학교는 특별한 아이들의 그룹이다. 일단 학비가 거의 대학 학비와 맞먹어 웬만한 재력을 가지고 있지 않으면 보낼 수 없다. 물론 특수한 예도 있다. 부모의 급여가 낮으면 학교에서 보조금을 줄 수도 있다. 하지만 보조금을 받아 가며 사립학교에 보낼 필요는 없다고 본다. 다른 예로 뉴욕시 같은 경우 학군이 좋지 않고 공립을 보내는 게 너무 위험한 지역도 있다. 그래서 사는 곳은 뉴욕이지만 웬만하면 사립을 보내야 하는 어려움이 있다는 말을 많이 들었다.

한국의 공립은 사립과 비슷한 점도 있지만 큰 차이점도 있다. 한국의 공립학교 시스템은 대학 진학률에 따라 학교의 위상이 달라지는

지 선생님이 학생 한 명 한 명을 가장 좋은 학교에 진학시키려고 최선을 다한다. 담임제가 있어서 학생에게 최선을 다하고 부모와도 여러 번의 상담을 통해 아이의 실력을 최대한으로 끌어올리려고 노력한다. 그런 모습이 미국의 사립학교와 닮았다. 반면 아이 셋을 키우는 동안 고등학교 상담을 단 한 번도 하지 않았다면 아무도 믿지 못할 것이다. 그만큼 미국의 공립학교는 선생님의 위상도 많이 떨어지지만, 공립이라는 시스템 자체가 스스로 일어서지 않으면 도태될 수밖에 없게 되어 있다.

그러므로 재력과 실력 그리고 스펙을 갖춘 아이들끼리 경쟁해서 들어가는 사립학교 아이들은 일반 공립학교에 다니는 평범한 아이들과는 많은 차이가 날 수밖에 없다. 우리 아이는 그저 평범한 아이였다. 이민자로 온 지 7, 8년이 흐른 시점이라 뭐든 부족한 때였다. 아빠는 평범한 회사원인 데다 동생 둘이 더 있고 영어도 부족한 부모를 둔, 미국에 대한 배경지식도 거의 전무한 아이였다. 그런 환경에서 오로지 아이 혼자만의 열정으로 사립학교까지 올라간 만큼 아이나 나나 그 괴리감을 뛰어넘기 어렵다는 걸 감지해야 했다.

아이는 그냥 그곳이 자기와 어울리지 않는다는 말로 모든 느낌을 대신했다. 물론 부모인 내가 "넌 꼭 가야 해. 이렇게 어렵게 합격했는데 뭐가 무서워서 그래. 우린 할 수 있어!"라고 대답했다면, 아이도 용기를 내어 도전했을지도 모르겠다. 하지만 난 "그래 엄마도 그렇게 생각해. 네가 그곳에서 공부한다면 물론 좋겠지만 어디에 있든

용의 꼬리보다 뱀의 머리가 되는 게 현명한 것 같아"라고 대답했을 뿐이다. 그래도 못내 아쉬운 마음을 털어내지는 못했다.

물론 남편은 "왜 뭐가 문젠데?"라며 오히려 사립에 가지 않겠다는 아이의 말에 실망감을 드러냈다. 하지만 지금 시점에서 그때를 되돌아보아도 안 가길 너무 잘했다 싶다. 안 가본 길에 대한 미련은 결과에 따라 후회와 안도 두 갈래로 나뉠 것이다. 하지만 결과가 좋아 안도라는 두 글자로 그때를 돌아보게 되어 다행이다.

4
-
대치동에서
SAT를 공부하다

미국 이민 1세대로서 아이를 미국에서 대학에 보낸다는 건 큰 일이 아닐 수 없다. 한국에서 자라 대학을 나오고 모든 정규 수업을 오로지 한국에서만 받은 우리 부부에게 미국 대학입시는 너무도 벅찬 일이었다. 한국이라면 대학입시와 관련된 각종 세미나며 입시 요강에 관한 정보를 잘 파악하고 적극적인 입시 전략을 세우는 부모의 역할에 충실했을 것이다.

한국에서 큰아이를 초등학교 1학년까지 보냈던 나는 교육열이 아주 뜨겁지는 않았지만 나름 열심이었던 기억이 난다. 큰아이는 만 다섯 살에 영재 유치원을 졸업했고 여섯 살부터는 영어학원에 다녔으며 집에서는 일일 학습지로 공부했다. 아이가 만 두 살 때부터 유명 출판사에서 출간한 어린이 전집이며 인체에 무해한 나무로 만든 장난감이며 동물 비디오 등을 큰돈을 주고 구매했다. 물론 그것들을 미국까지 싸 들고 와 둘째와 셋째까지 알뜰히 읽히고 가지고 놀게 했던 만큼 구매 비용이 아깝지는 않았다. 지금도 아이들이 큼에 따라 작아져 버린 아이들 침대 밑에 고이 간직해 둔 이 한국 이야기책은 미래의 손주들을 위해 유용하게 쓰일 참이다.

큰아이는 사립학교를 포기한 후 10학년이 되면서 슬슬 SAT 준비에 들어갔다. 메릴랜드는 워싱턴DC와 가깝고 한국에서도 알아주는 버지니아의 페어팩스와도 가깝다. 하지만 한국처럼 공부를 가르쳐주는 기관이나 개인 선생님을 구하기가 어려웠다. 그래서 우리는 한국행을 택했다. 미국의 여름방학은 거의 10주 이상으로 아주 길다. 반면 겨울방학은 여름방학에 비하면 크리스마스와 새해를 낀 주말을 포함해 열흘 정도로 아주 짧았다. 그 긴 여름 방학을 이용해 우리는 강남 대치동 학원의 SAT 과정에 등록했다. 학원은 우리 아이 같은 학생에게 영어로만 수업했고, 수학 2와 AP(미국과 캐나다의 고등학교에서 대학 수준의 교육과 시험을 제공하는 프로그램) 과정 중 화학과 물리 등 몇 과목을 따로 수강할 수 있는 프로그램을 운영했다.

한 명도 아니고 세 명을 동시에 한국에 데리고 가야 하니 보통 일이 아니었다. 큰아이를 공부시키기 위해서는 두 아이의 희생 또한 뒤따라야 하는 운명이었다. 그때는 에어비앤비도 없었고 호텔에 갈 수도 없는 형편이었다. 그렇다고 아이 셋을 데리고 무작정 친정집이나 언니 집에 가는 것도 서로 부담스러운 일이었다. 나와 세 아이를 받아줄 곳은 오직 허름한 단기임대 빌라뿐이었다. 학원에 들어갈 비용이 어마어마했기에 호화로운 주거를 기대할 수는 없는 노릇이었다. 우리가 선택한 집은 침대 하나, 싱크대 하나 그리고 아주 작은 화장실 하나가 전부인 원룸 스튜디오였다. 그래도 나는 한 칸짜리 좁은 싱크대에서 열심히 아이들의 밥을 챙기며 생활해나가기 시작했다.

그 당시 둘째 아이는 초등학생이었고 막내는 네 살이 막 되던 해였다. 막내의 기억을 빌리자면 '처음 방으로 들어갔는데 아주 아주 작은 벌레들이 막 돌아다녀서 엄마가 소이 소스(간장)를 그릇에 담고 비닐랩을 씌워 구멍을 뚫었고 작은 벌레들이 그 안으로 들어가 죽었다'가 당시의 형편이었다. 무더운 여름 작은 방에는 초파리들이 들끓었고, 그 벌레들을 박멸하려고 내가 쓴 승부수가 간장이었나 보다. 미국에서도 초파리만 보면 막내는 그날을 떠올린다. 누나의 공부를 위해 한국까지 갔었다는 엄마의 치맛바람을 비웃기나 하는 것처럼, 막내는 웃음 반 비아냥 반을 섞어 기억의 창고에서 그날 일을 소환하곤 한다.

침대 하나에 아이 세 명을 재우려니 셋 다 똑바로 누울 수 없었다. 궁여지책으로 한 명씩 어긋나게 머리를 두고 자게 했다. 그 모습이 하도 우스워 찍어 놓은 사진이 있다. 학원을 다녀온 큰아이가 싱크대 아래에 작은 밥상을 놓고 겨우 아이 한 명이 앉을 만한 자리에서 공부히는 사진도 있다. 공부에 대한 열의가 가득했던 아이의, 결단코 웃을 수만은 없는 짠한 추억 또한 그렇게 함께 남았다.

큰아이가 그렇게 열심히 공부하던 어느 날 아침, 비가 너무 많이 내려 학원에 갈 수 있을까? 우려되는 마음이었다. 그렇게 아이를 학원에 보내고 나자 옆집에 살던 언니가 우산을 들고 들어왔다. 간밤에 우면산이 무너져 산사태가 났다는데 괜찮은지 들여다보러 왔단다. 산사태? 그럼 우리 아이는 어떻게 된 거지? 부랴부랴 나가 보니 버스도, 지하철도 다니지 않는다고 했다. 그럼 우리 아이는 도대체 어떻게 된 걸까? 휴대전화도 없는 데다 학원에 전화해도 받지 않았다. TV에서는 대치동 사거리가 물에 잠기고 은마아파트 지하상가까지 물이 찼다는 다급한 아나운서의 목소리가 들려 왔다. 나를 떨게 만든 상황이었다.

나와 언니는 버스정류장에서 초조하게 큰아이를 기다렸다. 도대체 우리 아이는 어디로 간 걸까? 오랜 시간이 흐른 후 멀리서 터벅터벅 걸어오는 큰아이가 보였다. 분명 내 딸인데, 어라? 내게 손을 흔들면서 웃으며 다가오는 게 아닌가. 아이는 버스가 안 다닌다고 하길래 지하철을 타고 어찌어찌 대치역까지는 갔다고 했다.

그러곤 점점 물이 차오르는 대치동 사거리에서 거의 헤엄쳐 학원 빌딩까지 도착했는데 문이 모두 잠겨 있어 다시 돌아 집까지 걸어왔다고 했다. 큰 추억거리를 하나 만들었다는 듯한 표정으로 의기양양하게 웃으며 이야기하는 큰아이를 보며 난 정말 할 말을 잃고 말았다. 이 물난리에 아이를 학원에 보낸 엄마나, 그렇다고 도로가 물에 잠겼는데 헤엄을 쳐서 학원에 간 딸이나 무식하면 용감하다고 말해야 하나? 아무튼, 그런 열정으로 석 달 동안 SAT 수업을 마치고 AP 몇 과목을 수강한 것이 큰아이의 시험 성적에 보탬이 되었다고 생각한다. 하지만 돌이켜 석 달 동안 쓴 학원비와 한국에서의 체류 비용 그리고 비행기 표값까지 산출해보면 비용 대비 성적은 그다지 좋은 결과가 아니었다. 그때의 결과를 생각해 둘째는 미국 집에서 30분 거리에 있는, 중국인이 운영하는 입시 전문 학원에 다녔고, 개인과외를 틈틈이 했던 탓인지 큰아이보다 점수가 조금 더 나았다.

큰아이는 SAT를 두 번 보았다. 한국처럼 1년에 단 한 번 고3 학생과 재수생만 볼 수 있는 수능시험이었다면, 미국 아이들은 모두 대학 문을 두드려 보지도 못할 것이다. 일생에 단 한 번뿐이라는 기회는 수험생 모두에게 그날 어떠한 변수도 생겨서는 안 된다는 두려움을 갖게 한다. 수능 당일에는 배가 아파도, 머리가 아파도, 감기에 걸려도, 꿈이 좋지 않아도, 가족 중 한 사람이 어떠한 변을 당해도 절대 안 된다. 무슨 일이 있어도 그날 그 시간만큼은 준수해야 한다. 오죽하면 수능을 보는 시간엔 비행기도 뜨지 않고 모든 공기업의 출근 시간까지 늦춘다는 사례가 해외 토픽감이 되었을까. 실제로 뉴스에 나왔던 이야기다.

수험생 중 확률적으로 10% 정도는 어떠한 다른 일, 어떠한 중대사에 맞닥뜨릴 수밖에 없을 것이다. 그렇다면 그 10%는 수능시험에서 제대로 자기 실력을 발휘하지 못한다고 봐야 한다. 수능일, 그 한 날의 실수로 인생의 중대사에 너무도 큰 오점을 남길 수도 있다.

미국에서 살고 아이들의 SAT를 겪어본 사람으로서 짚고 넘어가고 싶은 것은 미국의 교육 제도는 한국의 그것과 판이하게 다르다는 점이다. 일단 SAT는 꼭 고3이 아니어도 응시할 수 있다. 준비되었다면, 누구나 볼 수 있는 시험이다. 예를 들어, 고1, 고2, 고3 심지어 필요하면 중학교 때 언니들이랑 같은 공간에서 시험을 치를 수 있다. 학년도 정해 놓지 않을뿐더러 1년에 단 한 번이 아닌 일곱, 여덟 번의 응시 기회가 있다. 매달은 아니지만 1년 중 원하는 시기에 시험기관에 신청해 직접 오피스에 가서 시험을 보면 된다.

한 번 보고 점수가 마음에 들지 않으면 또 신청해서 보면 된다. 열 번을 본다 한들 누가 뭐라 하지 않는다. 다만 대학에서는 세 번 이상 보는 것은 오히려 독이 된다고 조언한다. 우리 아이들 셋 모두 두 번을 보았고, 그중에서 높은 점수를 선택해 대학에 제출했다. 그것을 슈퍼 스코어SUPER SCORE라고 하는데, 제일 높은 영어점수 그리고 제일 높은 수학 점수를 합해 나온 점수를 일컫는다.

우리 아이가 미국에서 보는 SAT를 위해 비행기로 14시간이나 떨어져 있는 한국에서 공부했다고 하면 미쳤다고 하거나 대단한 치맛바람이라고들 한다. 맞는 말이다. 그 당시에는 인터넷이 지금처럼 발달하지 않았고 정보가 부족해 시행착오를 겪었다는 말로 큰아이의 대치동 SAT 공부 경험 이야기를 끝마쳐야 할 듯하다. 지금 대치동 유학원에서는 그때보다 더 많은 정보를 입수해 미국에서 공부하는 아이들에게 많은 혜택이 돌아가게 해준다고 들었다. 줌Zoom 같은 것이 발달해 굳이 한국에 가지 않더라도 한국형 스파르타식 수업을 받으며 알차게 준비할 수 있는 프로그램이 있다고 한다. 요즘 미국 대학 입시생들은 그만큼 편안하게 공부할 수 있는 길이 열려 있는 셈이니, 우리처럼 초파리와 싸우는 일도 산사태가 나도 학원에 꼭 가야 하는 그런 고생은 하지 않아도 될 듯하다.

5

존스 홉킨스에서
전액 장학금을 받다

고등학교 마지막 학년. 그러니까 대학입시 원서를 넣기 바로 전에 12학년 전체를 통틀어 단 한 번 성적 등수가 나온다. 원서에 들어가는 그 등수가 얼마나 중요한지 그때 알게 되었다. 큰아이가 다니는 고등학교 시니어 학년 350명 중 큰아이는 영예스럽게도 전체 수석을 거머쥐었다. 이때 등수는 고등학교 4학년 전체를 통틀어 매기는 점수를 합산해 나오는 석차다. 한 학기나 한 학년의 등수를 뜻하지 않는다. 유치원에서부터 12학년까지 단 한 번만 나오는 석차라 누가 수석이 될지 아무도 모르다가 뜻밖의 결과에 모두 놀라게 된다. 그나마도 요즘엔 그 석차마저 나오지 않는 주(州)도 있다고 한다.

물론 보딩스쿨(학교 내 기숙사에서 생활하며 교육받는 기숙학교)이나 사립, 토머스제퍼슨TJ 같은 특수한 학교였다면 수석은 꿈도 못 꾸겠지만, 그래도 공립학교(하워드 카운티는 미국에서도 좋은 학군에 속한다)에서의 수석Valedictorian은 평생 따라다니는 영예로운 수식어다. 평생 단한 번만 받을 수 있는 훈장 같은 것이다. 그래서 수석 졸업생 자신에게도 자신감을 심어주는 최고의 선물이라 할 수 있다. 아무리 유명한 배우라도 꼭 받고 싶은 상이 신인상인 것과 같은 것이다.

수석뿐만 아니라 교내 3% 내에 드는 학생은 대학에서 같은 그룹으로 묶인다는 말을 많이 들었다. 꼭 1%가 아닌 3%에 드느냐가 중요하듯, SAT 또한 꼭 만점이 중요한 것은 아니다. 지금은 1,600점 만점 중 1,550점이 같은 그룹에 속한다는 말도 많이들 한다. 수석으로 졸업한 만큼 큰아이의 학교 GPAGrade Point Average(평점)는 거의 만점에 가까운 4.0, 4.94를 기록했다.

중학교 때부터 학생회 일을 많이 해온 큰아이는 고등학교에 가서도 학생회 일을 열심히 했다. 학년 회장은 물론 매년 오케스트라 악장Concert Master을 역임했고, 수학의 아너스클럽Honors Club이라는 동아리 그룹을 만들었다. 특히 수학은 학교에서 서너 명만 참여할 수 있는 대학 운영 클래스를 직접 가서 들었고, 그들에게만 주는 개인 랩북을 받는 사진이 지역 신문에 실리기도 했다. 이 일은 그 당시 아주 신기한 일로 알려졌다.

큰아이는 학교에서는 활발히 클럽 활동을 하고 집에서는 공부를 아주 열심히 하는 학생이었다. 지금도 잊히지 않는 장면이 있다. 작은 아이들은 언니이자 누나가 방에서 나오지 않아 대화를 할 수 없다는 불만을 매번 토로하던 어느 날, 큰아이의 책상 의자가 너무 낡아서 바꿔주려고 밖으로 내오는데 손잡이가 다 부서지고 엉덩이 부분의 가죽이 벗겨져 너덜거리는 것이었다. 그걸 보며 모두가 놀라며 한바탕 웃었던 기억이 있다. 얼마나 끈질기게 앉아서 공부했으면 몇 년 쓰지도 않은 의자 가죽이 다 벗겨지고 손잡이가 부서져 버렸을까. 공부는 엉덩이로 한다는 말을 실감하게 해주었던 일화다.

이 정도로 열심히 노력한 결과인 학교 성적과 교내활동 사항, 대학 인턴으로 일했던 자료, 바이올린 활동 그리고 에세이를 작성해 대학 원서를 한 열 곳 정도에 냈다. 수석을 하리라 기대치 못했을 때는 아이비리그 대학에 원서를 넣을 수 있을지 어쩔지 감을 잡을 수 없었다. 하지만 수석의 영예를 안은 후로는 자신감이 생겼다. 아이는 하버드도 살짝 기대했다. 지금에 와서는 멋쩍은 이야기가 되었지만 말이다. 미국에 고등학교가 5천 개가 넘는 걸 고려할 때 일단 수석을 한 5천 명은 아이비리그 대학에 원서를 넣지 않았을까? 우리는 하버드를 비롯해 아이비리그 대학 다섯 군데와 존스 홉킨스 그리고 안전을 위해 메릴랜드 근처 학교에까지 원서를 제출했다. 불안감과 초조함을 안고서 말이다.

먼저 수시로 아이비리그 대학 중 하나인 콜롬비아대학교에 원서를 넣었지만 고배를 마셨다. 수시는 11월 말까지 원서를 넣고 12월

중순에 결과가 나온다. 결과가 나오자마자 정시 원서를 준비해 1월 초에 나머지 학교에 넣고 결과를 기다렸다. 지망 학과는 모두 신경과학과였다. 의과 지망이더라도 한국처럼 반드시 의과대학을 가리키는 것은 아니다. 의과대학을 가기 위한 필수 과목을 들어야 하는 곳이라서 프리메드_{pre-med}라고 한다. 따라서 대학에 합격한다고 해도 의대에 입학한다는 말은 틀린 말이다. 의과대학은 의과 전문대학원에 가는 것을 말한다.

드디어 3월 말에서 4월 초에 거의 모든 학교가 합격자 발표를 했다. 발표 몇 주 전부터 우리는 메일 박스 앞을 매일 왔다 갔다 했다. 초조하게 서성거리면서. 지금은 시대가 바뀌어 랩톱을 두드리며 여러 대학의 합격 여부를 동시에 알아볼 수 있지만, 그 당시만 하더라도 편지를 통해 합격 여부를 알 수 있었다.

원서를 넣은 몇 학교는 거절을 당했고 몇 학교는 디퍼(불합격이 아니라 원서를 넣은 다른 수험생과 다시 경쟁하는 것)를, 또 몇 학교로부터는 합격통지를 받았다. 한국에서는 믿기지 않는 일이겠지만 미국에서는 대학 등록금을 생각해 아예 아이비리그나 순위가 높은 사립대학교에는 원서조차 내지 않는 학생들이 많다. 사립대학교 등록금이 너무 비싸 대출을 받으면 평생 갚아야 한다는 부담감이 크기 때문이다. 그래서 이왕이면 장학금을 많이 주는, 자신이 살고 있는 주의 주립대학이나 순위가 낮은 대학에 들어가는 것을 선호하기도 한다.

한국 사람들에게는 이해할 수 없는 일이지만 미국에서 대학을 나온 부모들은 이를 십분 이해할 수 있다. 그래서 아이들이 순위는 낮지만, 집과 가까운 대학에서 지원금이나 장학금을 받고 공부하기를 바란다고 한다. 그러다 정말 공부를 더 하고 싶으면 직장을 구하고 대학원을 자비로 다니는 걸 추천한다고. 하지만 우리는 한국에서 대학을 나온 한국통이라 무조건 좋은 학교에 들어가는 게 부모에게 효도하는 길이라 알고 있다. 그리고 그런 아이를 위해 몸이 부서져라, 뒷바라지하는 걸 낙으로 삼는 구세대 부모임도.

꿈도 야무졌던 아이비리그는 모두 낙방하고 천만다행으로 존스 홉킨스에서 합격과 동시에 4년 전액 장학금으로 20만 달러를 주겠다는 메일을 받았다. 우리는 믿기지 않아 '설마!'를 여러 번 외칠 수밖에 없었다. 처음으로 미국 대학에서 돈을 받는 것이라 어리둥절했다. 그리고 우리 아이가 뭐 그리 대단하다고 그런 훌륭한 학교에서 전액 장학금Bloomberg Scholarship을 주겠다는 건지 의아했다. 그 당시 우린 미국 시민권을 딴 지 얼마 되지 않은, 이민자의 대열에 겨우 합류한 외국인이나 다름없었기 때문이다. 어떻게 우리에게 이런 일이 일어날 수 있는가 싶어 미국 대학에 관해 잘 아는 분에게 연락해 물어보았다.

그분은 먼저 입학하겠다는 답변을 빨리 해야 한다고 했다. 그 말에 우리는 다른 학교 결과는 상관하지 않고 바로 입학하겠다고 사인해버렸다. 20만 달러면 한국 돈으로 3억 원쯤 되는데, 거의 10여 년이 지난 지금의 달러로 환산해 보면 실로 어마어마한 돈이 아닐 수 없다. 미국의 대학 학비는 거의 상상을 초월한다. 실제로 지금은 학비가 1년에 7~9만 달러로 올랐다. 사립대학 등록금은 1년에 1억 원 이상이고, 4년이면 4억 원이 넘기 때문에 대출을 받아 학교에 다니는 학생들에게는 불가항력적인 금액으로 느껴질 수밖에 없다.

물론 급여가 낮은 가정을 위한, 니드 베이스Need Base라는 지원금 제도가 잘되어있고 등록금 전액을 지원해주는 시스템도 잘 갖춰져 있다. 하지만 우리처럼 중산층이나 그 이상이면 1달러의 혜택도 받지 못한다. 준다고 해도 대출로 빌려주는 것인지라 졸업하고 직장에 들어가자마자 갚아나가야 한다.

예를 들어, 버락 오바마 전 대통령만 해도 대통령이 된 해마저 대학 때 빌린 등록금을 갚고 있다는 말을 했었다. 그런 만큼 대출금이 너무 많은 금액이라 평생 갚아도 다 갚지 못할 돈이라고 흔히들 생각한다. 이는 아무리 공부를 잘해도 비싼 아이비리그 사립대학에는 절대 원서를 넣지 않는 학생이 존재하는 이유이기도 하다.

우리 집은 존스 홉킨스 대학과 30분 거리에 있어 집에서 다닐 수도 있는 상황이었다. 하지만 대학의 규칙에는 일단 1학년은 무조건 기숙사에서 생활해야 한다는 의무 조항이 있었다. 기숙사는 작고 낡았지만, 아이는 돔에서 생활했다. 그렇게 대학에 들어간 열여덟 살 이후로 큰아이는 지금까지 한 번도 집에서 우리와 함께 생활한 적이 없다.

학기 중에는 기숙사에서 생활했고 방학 중에는 인턴을 하든지 외국에서 공부하든지 하느라 집으로 짐을 들고 들어온 적이 없었다.

둘째나 셋째의 경우 방학 때는 기숙사에서 모든 짐을 빼야 하는 의무가 있어 집으로 들어와 생활했었다. 이에 비해 큰아이의 생활패턴과 생활 반경은 참 스펙터클 했다.

예를 들어, 1학년이 끝난 여름 방학에는 홍콩에서 CTY를 다녔던 경험을 가지고 TA_{Teaching Assistant}를 해서 월급을 받으며 홍콩 생활을 즐겼고, 2학년이 끝난 여름 방학 때는 영국 옥스퍼드를 위해 미리 수업을 들어두어야 해서 존스 홉킨스 근처에서 생활했고, 옥스퍼드에서 3학년을 마치고 난 후에는 유럽의 온갖 나라를 여행하느라 집에 오지 못했다. 4학년이 끝난 졸업 후에는 뉴욕에서 직장을 얻느라 집에 오지 못했고.

우리 집 경제 사정을 차치하고라도 장학금을 주겠다는 약속은 우리에게는 꿈같은 행운이었다. 지금은 남편이 몸소 우리가 그때 장학금으로 받았던 20만 달러를 어려운 학생들에게 돌려주고자 노력하고 있다. 사업이 어느 정도 괘도에 오르자 남편은 조금씩 큰아이가 학교에서 받은 것처럼 자신이 나온 한국 대학에 기부를 시작했다. 지금은 회사 이름으로 매년 학비가 없어 공부할 수 없는 어려운 처지의 한국 학생들에게 장학금을 주는 일을 하고 있다. 돈이 많아서 기부하는 사람이 꼭 부자는 아니다. 적지만 내 돈을 어려운 사람과 나눌 때 진정한 부자라고 말하고 싶다. 우리가 어려울 때 받았던 존스 홉킨스 장학금이 한국에 있는 어려운 학생들에게 되돌아가는 발판이 되어 무엇보다 기쁘고 행복하다.

6

옥스퍼드 돌담길을
거닐다

존스 홉킨스 대학에서의 큰아이 생활 이야기다. 미국은 한국 입시처럼 처음부터 의과대학에 들어가는 시스템이 아니다. 아이는 의과대학에 들어가기 전 대학을 신경과학NEURO SCIENCE과로 입학했다. 이러한 프로그램을 프리메디라 한다. 한국으로 말하면 의예과에 해당하는 것으로 의과대학Medical School에 가기 위한 전 단계라 할 수 있다. 프리메디 단계에 입학하는 학생들이 적은 수는 아니지만, 적성에 맞지 않아 1, 2학년 때 많이 전과한다.

졸업쯤에는 프리메디에서 의과대학으로 가는 학생이 절반 이상으로 줄어든다. 몇 해 전 바뀐 한국의 로스쿨 제도처럼 미국의 의과대학은 먼저 의예과나 일반과 대학을 졸업하고 의대 대학원을 지원하는 코스를 밟는 게 보통이다. 물론 특수한 경우도 존재한다. 브라운대 같은 경우는 학부부터 의대가 있어 학부에서 의과대학까지 다른 학교에 가지 않고 죽 이어 졸업하게 된다. 하지만 이런 학교의 경우 입학도 쉽지 않지만, 학부를 졸업하고 반드시 그 학교의 의과대학을 졸업해야만 한다는 부담감이 있다.

존스 홉킨스에서 프리메디로 1학년을 마치고 2학년 성적이 좋으면 영국 옥스퍼드대학교에서 공부할 기회가 주어진다는 정보를 알게 된 큰아이는 그 목표를 이루기 위해 최선을 다해 노력했다. 학교에서 두어 명만이 갈 수 있는 어려운 프로그램이고, 그만큼 경쟁도 치열했기 때문이다. 큰아이는 학기 중에 들어야 할 어려운 과목은 미리 여름방학에 수강 신청을 해서 공부했다. 교수들로부터 좋은 추천서를 받기 위해 논문 돕기를 자처하기도 했다. 결국, 옥스퍼드에서 공부할 수 있는 기회가 주어지는 세 명 안에 이름을 올렸다. 물론 옥스퍼드대학교에서도 존스 홉킨스처럼 학비 전액을 지원받았으며, 기숙사비와 생활비만 우리 몫이었다.

큰아이는 2학년을 마치고 3학년을 영국에서 보내게 되었다. 미국과 영국의 학점 체계는 달랐지만, 큰아이는 존스 홉킨스 학점을 그대로 인정받는 조건을 따냈다(물론 나중에 조금 불리한 학점을 받긴 했지만). 존스 홉킨스대학교 입학을 기념해 유럽으로 엄마와 딸만의 여행을 떠났던 기억을 반추하며 우리는 새로운 세상을 향해 출발했다.

딸 덕분에 가보게 된 영국의 옥스퍼드대학교는 상상 이상으로 고풍스럽고 학문적인 분위기를 풍기는 학교였다. 왜 그렇게 유명세가 따르는지 절절히 느끼며 우린 그만 그 위풍에 압도되고 말았다. 유명한 〈해리포터〉 영화에 나오는 식사 장면과 중요한 에피소드 장면을 모두 찍었다는 도서관은 실로 엄청난 마법이 일어날 것 같은 신비함을 간직하고 있었다.

우리가 도착한 영국의 도시는 안개 낀 날씨로 인해 필터를 낀 것처럼 뿌옇게 보였다. 안개로 인해 흔들리는 수은등의 노란 불빛과 높은 돌담 사이로 슬쩍슬쩍 보이는 젊은이들의 환한 미소는 우리를 마치 동화 속 주인공이 된 것처럼 들뜨게 했다.

오래전에 지어진 기숙사는 에어컨은커녕 히터도 많이 낡아서 과연 작동할지 의문스러웠다. 건물은 그야말로 모든 벽이며 바닥이 돌로 지어져 있어 앞으로도 몇백 년은 그대로 보존될 수 있을 것 같았다. 아주 작은 침대, 책상, 키 작은 옷장, 작은 체구의 여자에게 맞음직한 작은 의자 등 오래되고 낡은 가구 전부가 역사의 한 페이지를 장식하고 있었다.

그곳에서 희미한 촛불에 의지해 공부하며 사색했을 수많은 학생을 생각하니 고귀하다 못해 숙연한 마음마저 들었다. 그중에 누군가는 노벨상을 탔을지도 모르고, 또 누군가는 그곳에서 사랑의 노래를 불렀을 것이고, 또 그 누군가는 그곳 창문가에 앉아 아름다운 시를 써 내려갔을 것이다. 우리 아이 또한 그런 학생들처럼 그곳에 하나의 점을 찍고 누군가의 상상 속 인물로 남을 거라 생각하니, 참으로 가문의 영광이 아닐 수 없었다.

그런 황홀하고 멋진 학교에서 우리 아이가 생활하고 공부할 수 있게 해준 존스 홉킨스가 너무도 고마웠다. 우리 아이는 그곳에서 교수님과 함께 학생들이 자유롭게 토론하는 방식을 보고 배웠다며 그때를 회상한다. 토론 문화가 미국과는 많이 다른 데다 수업시간에 반드시 영화에서 본 것처럼 검은색 가운을 입어야만 하는 것이 신기했다고 한다. 일대일로 교수님과 직접 대면 수업하는 일이 많은 것도 큰 차이로 여겨졌다고 말했다.

아이는 그 와중에도 틈만 나면 유럽 각지를 여행하는 즐거움을 만끽했다. 미국에서만 생활하다 더 큰 세상으로 홀로 떠났지만 아이는 힘들어하기보다는 더 많은 경험을 쌓고자 노력했다. 주말마다 다른 곳 다른 경험을 찾아 여행을 떠났다. 아이가 1년 동안 유럽 각 도시를 순회하며 경험을 쌓는 것을 보면서 엄마지만 아이를 통해 배우는 바가 컸다. 물론 영어가 자유로워 어디를 가든 언어로 힘들어하는 일이 없기도 했지만, 새로운 세상으로의 도전을 꺼렸다면 절대 쌓을 수 없는 경험이었다. 그런 시간을 공부에만 전념하며 보냈다면 기억에 남는 추억은 한정될 수밖에 없었을 것이다.

주어진 환경에 얽매이지 않고 확장되어가는 아이의 사고와 능력을 나는 찬성하고 지지해주었다. 물론 아빠인 남편은 여자니까, 어리니까, 혼자 다녀서는 안 된다고 말했지만 내 생각은 달랐다. 여자여서, 어려서 못 하는 일을 나이를 많이 먹은 남자라고 할 수 있는 게 아님을 이 나이가 되어서야 알게 되었다. 여자라서 못 하는 게 많았던 시대는 우리 세대에서 끝내야 한다. 돈이 없어서 현재 지금을 박차고 다른 세상에 나아가지 못할 수도 있다. 하지만 어느 세상이든 돈은 들고, 어느 세상이든 사람은 산다. 자신이 원하는 세상에 뛰어들어 돈을 벌고 그 세상 사람들과 어울려 살면 새 세상이 열리지 않을까. 그런 면에서 나는 내 딸이 존경스럽고 자랑스럽다.

1년 동안 20개국 이상을 여행한 딸은 새롭게 만난 사람들과 지금까지도 연락을 주고받는다. 그러면서 서로에게 도움이 되는 사람으로 성장하고 있다. 우연히 거리에서 만난 할아버지, 유스호스텔에서 만난 커플, 템플 스테이에서 만난 연인, 그렇게 자유로운 여행객끼리 서로 만나 친구가 되었다. 비록 일회적인 만남이었지만 자유로운 영혼들이 만나 진실한 마음으로 나눈 대화는 살면서 오래도록 기억에 남을 것이다. 신사의 나라 영국, 그 안에 있는 옥스퍼드대학교에서 1년 동안 공부했던 경험은 아이가 살면서 쌓을 수 있는 경험의 최대치였다고 감히 말하고 싶다. 우물 안의 개구리는 내가 만드는 것이다. 훌훌 털고 자신 있게 세상 속으로 걸어 들어가 보자. 길은 열릴 것이다. 반. 드. 시.

7
-
마이애미
메디컬 스쿨로 가자!

존스 홉킨스 프리메디를 영예HONOR롭게 졸업하고 큰아이는 1년간의 갭이어GAP YEAR(고등학교를 졸업한 후 대학에 진학하지 않고 다양한 경험을 통해 진로를 탐색하거나 자신이 나아갈 방향을 찾는 기간)를 가졌다. 의대에 바로 진학하는 방법도 있지만 아이는 1년 동안 자기가 하고 싶은 일을 해보겠다고 선언했다. 어릴 때부터 선생님이 되는 게 꿈이었던 아이는 그중에서도 뉴욕 빈민가에서 아이들을 가르치고 싶어 했다. 우리는 아이의 의견을 존중해주었다. 물론 대학에서 선생님이 되는 데 필요한 필수 과목을 이수하지 않으면 공립학교 선생님은 할 수 없다. 하지만 사립은 학교 재량껏 필요한 선생님을 구할 수 있다. 한국과는 다른 시스템이라 처음엔 우리도 의아해했다.

사범대를 졸업하지 않고 공립학교 선생님이 된다는 게 한국에서는 있을 수 없는 일이지만, 미국은 학부 때 교직 과목 한 과목 정도만 이수하면 공립학교 선생님이 될 수 있는 자격이 주어진다. 사립학교 선생님도 인터뷰를 거쳐 아이들을 가르칠 수 있는 자격을 부여받을 수 있다. 일단 대학만 졸업하면 된다.

그런 의미에서 미국은 한국보다 쉽게 학교 선생님이 될 수 있는 셈이다. 하지만 반대로 생각해보면 선생님이 되는 길이 어렵지 않기 때문에 공립학교 학생들의 성적이 좋을 수가 없는 시스템이다. 사범대가 따로 없는 만큼 학교 선생님으로서 갖추어야 할 자질이 아무래도 부족할 수밖에 없고, 한국처럼 학교에서 학생의 일거수일투족에 관심을 기울이는 체제가 잘 정비되어 있지 않은 듯싶다. 앞에서 이야기했듯 미국의 공립학교는 한국처럼 학생을 좋은 대학에 보내기 위해 안간힘을 쓰지 않는다. 학생 한 명 한 명의 공부며 생활 태도 등 전반적인 실력 향상에 초점을 두지 않는다. 다만 각자의 개성을 인정하고 개인의 의견을 존중하는 사회적 분위기가 교육의 한 축으로 자리 잡은 듯하다.

큰아이는 갭이어를 뉴욕 브루클린의 빈민가에 있는 아주 작은 사립 중학교의 수학 선생님으로 보내게 되었다. 학교에서는 처음으로 제일 좋은 학교 출신의 선생님이 왔다며 기쁘게 반겨주었다고 한다.

월급은 뉴욕에서 생활하기에는 턱없이 부족한 금액이었다. 남편과 나는 큰아이가 원하는 공부와 일을 원하는 시기에 할 수 있게끔 지원해주는 것이 우리가 미국 땅에서 사는 보람이라 생각하며 적극적으로 뒷받침해주었다.

뉴욕 브루클린에서 1년 동안 가난한 미국 아이들을 가르치면서 큰아이는 세상의 모든 부모가 모두 똑같지 않다는 말을 여러 번 했던 기억이 난다. 숙제를 내주면 제때 해 오는 아이가 드물고, 부모와의 상담 날짜를 잡아도 제때 오는 부모가 적고, 아이 때문에 전화하면 부모들은 시간이 없는데 어떻게 아이를 돌볼 수 있느냐고 되묻는 경우가 많았다고 한다. 큰아이는 이렇게 자기를 제대로 키워준 부모를 만난 게 천만다행이라며, 우리에게 감사하는 마음을 꾹꾹 눌러 전해주었다.

큰아이는 이민자로서 영어도 제대로 못 하고 인종도 다른 낯선 곳에서 자신들에게 열과 성의를 다해준 부모에 대한 고마움을 빈민가의 아이들을 가르치며 느꼈던 것 같다. 다른 친구들은 우리 아이보다 빠르게 의과대학에 진학해 더 빠른 결과를 얻었을 것이다. 하지만 우리 아이처럼 진학을 1년 늦추면서 가족의 고마움과 빈민가의 어려움을 몸소 체험하는 값진 기회를 얻을 수는 없었을 것이다. 돈을 주고도 살 수 없는 이러한 경험을 누가 말로 전해준다 한들 마음에 와닿았겠는가?

1년의 갭이어를 브루클린에서 보내면서 큰아이는 뉴요커로서 나름 자기만의 시간을 즐기며 의과대학에 들어갈 준비를 했다. 대학입시 때처럼 원서를 여러 군데 넣었지만, 1년 동안의 학교 선생님 생활이 의대 입학에는 그다지 보탬이 안 되는 스펙이었다는 걸 나중에야 알게 되었다.

존스 홉킨스 학부에 적을 두고 교환학생으로서 옥스퍼드대학교에 장학금을 받으며 다닌 것은 아주 좋은 스펙이었다. 하지만 갭이어를 갖는 동안 병원 인턴이나 의학에 관한 연구를 하거나 유명한 의대 교수의 조교로서 도움을 주는 일을 해야 했었다. 그런데 엉뚱하게 중학교 아이들에게 수학을 가르쳤으니 의대에서 보기에는 생경한 스펙 쌓기가 되어 버린 것이다. 결국, 좋은 의과대학들에는 모두 떨어지고, 그나마 복수로 전공할 수 있는 마이애미 의대에서 연락이 왔다.

우리에겐 뭐 다른 방법이 없었다. 무조건 의대를 가야 하는 상황이니 수락할 수밖에. 마이애미 의대로 결정하면서 아이는 실망 아닌 실망을 했던 모양이었다. 세계 3대 비치 중 하나인 마이애미 해변을 배수진으로 하여 전공의 길에 들어서는 관문, 아이의 의대 1학년이 시작되었다.

마이애미 의대 입학이 운명이었다고밖에 할 수 없는 게 큰아이가 의대 학과에서 꽃 중의 꽃이라고 불리는 성형외과에 뽑힌 것이다. 전공의도 시대를 반영할 수밖에 없기 때문에 매년 그 인기 순위가 바뀌는데 내과나 산부인과, 소아과 등은 많은 인원을 뽑지만 성형외과나 신경외과 등은 인원이 적어 경쟁이 치열하다. 특히 마이애미 의대에는 아이비리그나 존스 홉킨스 같은, 순위가 좋은 학교를 졸업한 학생이 많지 않았다.

한국은 학부가 석사보다 중요하지만, 미국은 그렇지 않다. 물론 학부도 중요하지만, 학부보다 석사나 최종 학교를 더 중요하게 친다. 그래서 이런 점을 염두에 두고 학부는 실력보다 조금 떨어진 학교에 가는 사람이 많다. 특히 한국 사람들은 하버드대학교나 아이비리그 대학에 보내는 게 꿈이고 자존심을 세우는 것으로 여긴다. 그래서 등록금이 어마어마하게 비싸더라도 이왕이면 한국에서도 잘 알려진 학교를 선택하는 경우가 많다.

하지만 최종 학교가 중요하다는 사실을 인지하고 있는 미국 사람들은 장학금을 많이 주고 집과 가까워 기숙사보다는 집에서 다닐 수 있는 학교를 학부로 선택하는 경우가 많다. 자기 실력보다 조금 낮은 학교를 택해야 최종 성적을 높일 수 있다는 장점이 있기 때문이다. 대학입시 원서를 넣을 때도 고등학교 성적이 정말 중요하듯이, 의대를 들어갈 때도 학부 때의 GPA 점수가 아주 중요하게 다루어지기 때문이다.

그런 의미에서 마이애미 의대에 가게 된 건 좋은 과에 뽑힐 기회가 주어진 셈이었다. 우리는 이 점을 적극적으로 활용했다. 마이애미 의과대학은 멕시코 등 남아메리카와 제일 근접한 곳에 있는 데다 남미 사람들은 성형에 대한 관심이 많았다. 그런 만큼 마이애미 의대에서 성형외과를 전공하려면 다른 과에 비해 높은 성적을 유지해야 가능했다. 큰아이에게 성형외과 의사는 최고의 꿈이었다.

그렇게 일단 3학년을 끝낸 큰아이는 이번에는 갭이어를 2년 동안 하겠다고 했다. 물론 조금 두려움도 있다고 했다. 1년도 아니고 2년 동안 생활해야 하는 직장을 찾아야 하는 데다 2년 동안의 갭으로 인해 좋은 학교 레지던트로 가지 못하면 어떡하나 걱정했다. 특히 의대를 들어갈 때 잘못 쌓은 스펙 때문에 후회가 되었듯이 또 다른 결과를 불러오지 않을까 하는 두려움이 있었다.

그래도 우리는 아이의 의견을 적극 지지해주었다. 만약 마이애미 의대에 가지 않았다면 성형외과는 꿈도 꾸지 못했을 것이다. 의대 입학 전 1년간의 갭이어는 학생들의 어려움을 알고 미국 사회의 다양함을 배울 수 있었다는 점에서 아이에게 큰 교훈이 되었었다. 그처럼 2년 동안 무엇을 하든 분명 아이에게 커다란 도움이 될 것이었다. 공짜로 얻는 것은 없는 법이다. 눈 꽃송이 하나도 하늘에서 자기 자리를 알고 떨어진다는데 말이다. 우리는 "네 생각과 네 노력은 분명 어떠한 일에 쓰일 것이니 불안해하지 말고 원하는 일을 해라"라고 열심히 조언해주었다.

지성이면 감천인지 아이에게 2년 동안 일할 수 있는 길이 열렸다. 이번에는 학생을 가르치는 일이 아니었다. 뉴욕에서 가장 유명하고 암 치료로 세계적으로도 알려진 MSK 병원에서 연구 제안이 들어온 것이다. 비록 월급은 적었지만, 암에 관해 연구하는 일이라 아이는 뛸 듯이 기뻐하며 승낙했다.

뉴욕 생활비가 만만치 않음은 누구나 아는 사실이지만, 아이는 최대한 비용을 아껴가며 생활했다. 2년 동안 주말마다 여행을 다니고 병원에서 요구하는 연구를 하면서도 논문을 50편이나 썼다는 것은 정말 아무나 할 수 있는 일이 아니리라. 그중에 한 논문은 성형외과 교과서에 실리는 경사를 맞기도 했다. 2년 동안 출간된 논문이 50편이라면 1년에 25편의 논문을 쓴 것이다. 거의 매달 2편의 논문을 쓴 셈이다. 말만 들어도 입이 벌어질 일이다.

그중에는 너무도 바쁜 교수들의 손발이 되어주는 과정에 쓴 논문도 있을 것이다. 그뿐만 아니라 세계 여러 나라 교수들과 함께 논문을 내기도 했다. 심지어 한국의 교수와 연락해 공동 저자로 함께 논문을 발표한 일도 있었다. 그렇게 열심히 논문을 쓴 결과, 교수들의 논문 시상식에 교수가 아닌 학생 신분으로 최고의 상을 받는 영예를 안기도 했다.

마치 미국의 영화인들에게 주는 그래미상 시상식처럼 근사한 홀에서 사회자는 이렇게 말했다.

"닥터 킴! 아직 닥터가 아닌 학생이지만 교수들보다 많은 50편의 학회 논문을 썼기 때문에 우리는 학생이 아닌 닥터라고 불러야 합니다!"

8
-
존스 홉킨스의
성형외과 의사가
제 딸입니다!

2년의 갭이어가 끝나갈 무렵 4학년으로 편입하면서 큰아이는 본격적으로 레지던트 원서를 썼다. 한국은 의대를 졸업하면 큰 예외 없이 그 학교 대학병원에서 레지던트가 되는 걸로 알고 있는데 미국은 다르다. 레지던트가 되려면 다시 한번 대학에 가듯 어려운 과정을 거쳐야 한다. 시험은 물론이고 인터뷰도 해야 하고 한 달씩 순회하는 대학도 잘 뽑혀야 한다. 특히 의대에 다니면서 보는 스텝STEP(의대 졸업생이 의사국가시험 자격을 얻기 위해 치르는 시험) 시험을 잘 봐야 하는데 고등학교 SAT부터 국가 고시를 볼 때마다 아이는 평소 실력에 비해 실전에 약했다. 학기 중에 보는 중간고사나 기말고사를 비롯해 무슨 시험이건 평소 실력보다 실제 시험점수가 잘 나오지 않는 징크스가 있었다. 겉으로는 당차 보이지만 속으로는 긴장을 많이 하는 타입이다.

레지던트 원서에 들어가는 의대 시험인 STEP 1이나 STEP 2 점수가 생각보다 잘 나오지 않아 아이는 잔뜩 기가 죽어있었다. 담당 교수나 다른 학교 교수들로부터 위로의 말을 들으면서도 혹시나 시험점수가 그동안 열심히 공들여 온 것들을 발목 잡지 않을까 걱정했다.

원서를 내기 전 서너 개 학교를 한 달씩 순회하면서 그 학교를 살펴보는 단계가 있다. 누구나 원한다고 되는 건 아니고 학교에서 기회를 줘야 한다. 하버드, NYU(뉴욕대), 유펜 그리고 존스 홉킨스를 순회하기로 결정된 큰아이는 교수들과 함께 생활하며 레지던트들과의 관계를 살펴보는 중요한 단계에 들어갔다. 네 학교 모두 성형외과로서는 톱10에 들어가는 학교들인지라 시작이 좋았다.

한 달씩 경험을 쌓은 학교의 레지던트로 뽑힐 가망이 아주 높은 만큼 누가 그 학교에서 한 달간 어떻게 일했는지가 선발의 큰 관건이 된다. 교수도 중요하지만, 무엇보다도 그곳 레지던트들과 6, 7년을 함께 일해야 하기 때문에 그들과의 관계가 서로에게 더 중요하다. 의대 과정을 밟으며 바로 레지던트로 올라가는 것이 아니라 전미주에 있는 모든 의대생과 동등한 입장에서 선택받는 것이어서 함께 일할 동료를 뽑는 데 큰 의의가 있다고 할 수 있다.

대학 순회는 맨 먼저 하버드에서 시작되었다. 성형외과 순위는 4위

정도지만 대학 이름이 있어 누구나 선호할 수밖에 없을 듯했다. 한 달 동안 머무를 집을 지인을 통해 예약해 놓고 아이는 하루도 빼놓지 않고 일했다고 한다. 교수님들은 친절했지만 레지던트들의 협력은 좋지 않았고, 학교의 명성이 있어서인지 개인적인 성향이 강한 그들과 자신이 맞지 않는 것 같다는 속내를 큰아이는 여러 번 내비쳤다.

두 번째로 유펜도 하버드와 비슷한 분위기라 썩 내키지 않는 곳이라 했다. 하지만 뉴욕에 있는 NYU는 달랐다. 교수님들과 레지던트들이 큰아이를 대하는 반응도 너무 좋았고 꼭 오라는 말을 많이 들었다고 했다. 성형외과로는 톱에 들기도 해서 아이의 마음은 NYU로 기운 듯했다. 마지막으로 존스 홉킨스를 갔다. 그곳은 학부를 졸업한 곳이기도 해서인지 아이는 익숙한 환경에 편안해했고, 특히 집과 가까운 곳에 있으니 마음이 놓였나 보다.

점점 매칭이 가까워지고 있었다. 미국의 의과대학엔 미국 전체를 하나의 망으로 연결해 한날한시에 학교와 학생이 1순위를 공통으로 택해야 매칭이 되는 '매칭데이matching day'라는 날이 있다. 굉장히 복잡한 성격을 띠어 우리 머리로는 도저히 이해되지 않는 측면이 있다.

예를 들어, 내가 존스 홉킨스를 1순위로 꼽고 그 학교에서도 나를 1순위로 지정하면 정확히 매칭되어 나는 존스 홉킨스에 합격한다. 하지만 나는 존스 홉킨스를 1순위로 했는데 학교에서는 내가 아닌 다른 사람을 1순위로 올리면 나는 합격하지 못한다. 반대로 존스 홉킨스는 나를 1순위로 올렸는데, 내가 NYU를 택하고 NYU도 나를 1순위로 택하면 나는 NYU 레지던트가 된다. 즉 서로가 1순위로 적어야 그 대학에 합격이 된다. 이해가 되는가?

특히 성형외과 레지던트는 1년에 미국 전체 의대생 중에서 단 백팔십 명만을 뽑는다. 미국에 쉰 개의 주가 있으니 각 주에서 세 명 또는 네 명만 합격한다고 봐야 한다. 하지만 각 주에 한 학교만 있는 것이 아니니까, 한 학교에 한 명만 될 수 있는 경우의 수가 많다고 가정하면 하버드에도 단 한 명, 존스 홉킨스에도 단 한 명만 레지던트가 될 수도 있다. 한마디로 낙타가 바늘구멍에 들어갈 확률이라고 봐도 무방하다.

한국에도 인구에 비해 의사 수가 적다는 말을 많이 들었다. 그런데 미국의 인구는 한국의 여섯 배다. 그러니 의사 수가 한국보다 더 적다는 건 말이 되지 않는다. 그런 현실을 헤아리면서 나와 남편은 큰아이를 설득하기 시작했다. 뉴욕은 집에서 너무 먼 거리라 도움을 요청해도 도와줄 수가 없다. 결혼하면 아이도 생길 텐데 어떻게 기를 것인가. 이 땅에 피붙이라곤 우리밖에 없는데 모여 살면 얼마나 좋겠나. 그리고 존스 홉킨스는 정말로 세계적인 의대인데 가족이 가까이 살아야 서로 도움이 되지 않겠나 등등. 우리의 설득이 먹혔는지 큰아이는 점점 존스 홉킨스로 마음이 기울어지는 듯했다. 하지만 자신은 절대 비밀을 유지하겠다는 의지를 보였고 우리는 어느 학교를 썼는지 알지 못한 채 매칭데이 날을 맞았다.

온 가족이 비행기를 타고 마이애미 의대로 출동했다. 큰아이의 찐

친구들이 모였고 드디어 모든 미국 의대생들이 기다리던 매칭 시간
이 다가왔다. 학교에서는 팡파르를 울리며 축하 폭죽을 터뜨리고,
모여든 가족들의 박수 속에 하늘에서는 색색의 색종이가 휘날렸다.
큰아이는 자신의 이름이 적힌 봉투를 떨리는 손으로 집어 들고 친구
들과 가족이 모여 있는 곳까지 다가와 드디어 봉투를 열었다.

봉투를 열어본 아이는 고개를 끄덕이며 울면서 나를 안았다. 내가
물어보았다.

"됐어?"

"응."

"어디?"

"여기."

울면서 손으로 글씨를 가리켰지만 난 너무 흥분되어 보이지 않았
다. 내가 다시 물었다.

"어디?"

"엄마, 존스 홉킨스!"

"어머나 진짜… 흑흑."

하늘의 별을 딴 셈이었다. 세상을 다 가진 것만 같았다. 우리는 서
로 얼싸안으며 펑펑 눈물을 쏟아냈다. 고등학교를 졸업한 지 11년
만에 성형외과 의사가 된 것이다. 빠르면 8년 만에 의사가 되었을 것
이지만, 성형외과로 세계 1위인 학교의 의사가 되려고 그렇게 많은
시간을 홀로 싸워 왔나 보다. 큰아이가 인내한 시간을 생각하려니

너무도 대견하면서 안쓰럽고 자랑스러워 눈물이 하염없이 흘렀다. 존스 홉킨스에서는 성형외과 의사를 총 네 명 뽑았다. 나중에 알게 되었지만, 결과가 나오기 전 한 달씩 순회했던 네 학교 모두 우리 아이를 1순위로 썼다고 한다. 이런 자리가 있기까지 홀로 견뎌냈을 큰아이의 고생스러움을 어찌 말로 다 할 수 있을까 싶었다.

미국은 절대 누구에게나 공평하지 않은 나라다. 절대 강자만이 살아남을 수 있는 사회 구조다. 사회 네트워크가 절대적인 미국에서 이민자의 딸, 그것도 의사 한 명 제대로 낳지 못한 집안의 딸로 스스로의 힘으로 당당히 세계적인 병원의 의사가 되었다는 걸 인식하는 데는 시간이 한참 필요했다. 사실 지금도 믿기지 않는다.

우리는 이제 미국 땅에서 누구에게나 자랑스러운 딸의 부모가 되었고, 가슴 벅찬 삶을 살게 되었다. 서럽기만 한 이민 1세대에서 의사로서의 삶을 살게 된 자식으로 인해 한없이 자랑스러운 부모가 되었다.

2장

아이마다 다른 기준이
필요하다는 것을 배운 둘째

1
-
벙어리가 된
재잘둥이

하늘나라로 먼저 떠난 우리 둘째 언니는 나의 둘째 딸을 볼 때면 늘 하는 말이 있었다.

"넌 좋겠다. 이렇게 이쁜 딸이 있어서… 밥을 안 먹어도 배가 부르겠어…."

아픈 이모만 보면 둘째는 빈 종이와 크레파스를 들고 다가가 토끼와 다람쥐 그리고 사과, 바나나 같은 과일을 그려달라고 졸랐다. 그때마다 언니는 몸이 아픈데도 싫은 내색 한번 하지 않고 상냥한 대답과 함께 조카에게 그림을 그려주었다. 미국에 오기 전의 일이니까 우리 둘째가 겨우 두 돌이 될 무렵이었다. 둘째는 자기 언니가 있어서인지

재잘재잘 말을 잘해 온 가족의 사랑을 듬뿍 받는 재잘둥이었다.

그랬던 27개월짜리 어린아이가 미국 공항에 도착하자마자 정신없는 엄마의 손을 놓고 겁 없이 혼자 공항 바닥을 이리저리 돌아다녔으니…. 아마도 식겁한 엄마를 보고 자기가 더 놀랐으리라. 그나마 아이는 엄마처럼은 놀라지 않은 모습이었다. 지금은 언제 그랬냐 싶게 기억조차 없으니 얼마나 다행인 일인지 모르겠다. 우리 둘째의 좌충우돌 시작점은 바로 아찔했던 그 공항 그 순간이었다고 생각한다.

세 돌이 되기 전에 모국어가 아닌 다른 언어가 뇌에 들어오면 쉽게 이해할뿐더러 받아들이는 능력이 다른 나이대보다 빠르다는 연구 결과가 있다. 특히 세 돌이 되기 전에 이중 언어를 하는 아이들은 다른 연령대에 비해 두뇌 회전이 더 빨라져 삼중 언어 습득까지도 가능하다고 한다.

언어뿐만 아니라 정서적인 발달 또한 세 돌 전에 모두 이루어지니, 이때가 부모와의 밀접한 유대감 형성에 매우 중요한 시기라 하겠다. '세 살 버릇이 여든까지 간다'라는 말이 괜히 나온 게 아니다. 우리 선조들은 그 옛날 어떻게 이렇게 정확하게 콕 집어 아이의 발달 단계를 짚었을까? 참으로 현명하고 지혜로운 분들이었다 싶다.

둘째 아이가 이 경우에 속해 실험해보기 딱 좋았다. 미국에 도착하고 몇 달 지나지 않아 둘째는 데이케어센터day care center, 즉 어린이집에 들어갔다. 매일 그곳에 보내기에는 비용이 너무 들어 일주일에 세 번, 네 시간씩만 맡기기로 했다. 나는 그 시간을 이용해 커뮤니티

칼리지에 있는 ESOL_{English for Speakers of Other Languages}(영어가 모국어가 아닌 사람을 위한 영어교육) 강좌에 등록했다. 미국은 뭐든 보통 시간 단위로 계산한다. 시간당, 주급 또는 주에 40시간 근무 초과수당, 이런 식으로 뭐든 시간 단위로 계산하는 게 일반적이다.

미국에서 공립학교 입학 전에 들어가는 데이케어센터나 프리스쿨(유아교육원) 비용은 어마어마하다. 오죽하면 아빠의 수입은 생활비를 하고, 엄마의 수입은 데이케어에 쓴다고 할까. 아이가 어릴수록 더 큰 비용이 들어가는데, 요즘엔 한 달에 6,000달러 정도 한다고 하니 도저히 믿기지 않는 금액이다. 그렇다면 한 달에 1만 달러 이상은 더 벌어야 감당이 되는 셈인데, 요즘처럼 일자리 찾기가 어려운 시기에 데이케어 비용을 감당할 수 있는 부모가 몇이나 될까.

내가 아는 어떤 분은 시어머니가 한두 달 신생아를 봐주러 미국에 오셨다가 아예 아이를 한국으로 데리고 가셨다고 한다. 데이케어센터에 보내는 기간만이라도 한국에서 길러주겠다고 결심하신 것이다. 그만큼 미국에서 살다 보면 아이를 맡기는 비용이 엄두가 나지 않는다는 걸 피부로 느끼게 된다. 그래서 엄마가 집에서 직접 아이를 돌보는 게 큰돈을 버는 셈이 되고, 나처럼 공부하기 위해 아이를 시간제로 맡기는 경우는 큰 사치를 부리는 셈이 된다.

그런 만큼 나는 열과 성의를 다해 열심히 학교에 다녔다. 아이를 픽업하러 가면 가끔 도시락가방에 간단한 메모가 함께 딸려 있었다. 물론 한국처럼 매일 아이가 어떤 행동을 했는지 정성껏 적어주는 살

뜰한 노트는 아니었다. 하지만 아이가 그곳에서 친구들과 문제없이 지내고 있는지 어떤지를 알게 해주는 중요한 메모였다. 말이 아닌 메모라 언어에 대한 배려구나 싶어 살짝 고마움을 느꼈다. 직접적인 대화는 아직 어려운 만큼 나는 글로 적은 메모가 훨씬 편했다. 간식으로 무얼 잘 먹었다는 메모도 있었고, 아이가 특별히 좋아하는 책 제목을 적어 보내준 날도 있었다.

조금 당황스러운 메모가 적혀 있었던 기억도 있다. 점심으로 간식을 보내지 말고 제대로 된 점심을 보내라는 다소 충격적인 메모였다. 우리의 평상시 음식이 그들의 눈에는 다소 간단하고 불량한 간식거리로 보였는가 보다. 아이의 영양 균형에 맞지 않아 보인다는 충고 아닌 충고를 듣고는 미국 아이들의 도시락을 자세히 살펴보았다.

그들의 제대로 된 점심이란 게 땅콩 잼과 딸기잼을 바른 간단한 샌드위치나 치즈 마카로니 같은, 우리에게는 오히려 간식 정도에 불과한 음식이었다. 음식의 다름이 문화의 다름이란 걸 뼈저리게 느낀 순간이었다. 그저 이렇게 다른 문화 속에서 어떻게 살아내야 하나 막막할 뿐이었다.

둘째가 데이케어센터에 다니기 시작한 지 어느덧 여섯 달쯤 된 시점이었다. 보통 때처럼 하교 시간에 맞춰 아이를 픽업하러 갔는데 선생님이 불쑥 내게 물었다. 아주 조심스러운 말투로 "혹시 아이가 말을 못 하나요? 제 말을 아이가 알아듣기는 하는 것 같은데, 친구들과 전혀 말을 하지 않고 제게도 말을 하지 않아요"라며 혹시 집에서는 어떤지 묻는 것이었다.

한국에서는 재잘둥이로 귀여움을 독차지했었고, 미국에 와서도 언니와 시끄러울 정도로 재잘재잘 이야기를 잘하는 귀여운 아이인 데…. 데이케어센터에서는 친구들과 말 한마디 하지 않는다는 말에 나는 내 귀를 의심했다. 내 영어는 그때까지 의사소통을 거의 하지 못하는 수준이었고, 특히 긴장하면 더욱 귀가 닫히는 그런 시기였다. 그런 내게 데이케어 선생님은 내가 잘 알아듣지 못할 것을 염려해 아주 천천히 쉽게 이야기해주었고, 나는 무슨 말인지 명확히 이해할 수 있었다.

나는 아이가 집에서는 말을 잘한다, 집에서는 한국어로 말하기 때문에 친구들과 아직 대화하지 못하는 것 같다, 대충 그런 뜻으로 아이의 상황을 설명했다. 하지만 선생님이 알아들었는지 어떤지 살피기도 전에 나는 얼굴이 뜨거워진 채 아이의 손을 잡고 데이케어센터를 나왔다. 하늘이 무너지는 듯한 아픔이었다. 한두 달도 아니고 무려 여섯 달이라는 시간 동안 내 아이가 벙어리처럼 친구들과 말을 주고받지 못했다는 사실에 아연실색한 것이었다. 나는 내가 아이에게 못 할 짓을 한 건 아닌지 죄책감에 좌절했다. 혼자 무심히 아이들 속에 있었을 둘째가 얼마나 외로웠을까 생각하니 눈물이 왈칵 쏟아졌다.

미국이 좋아서 온 것이 아니었다. 3년만 쉬다가 갈 계획으로 왔다가 한 번도 밟아본 적 없던 땅에 정착한, 무모하기 짝이 없는 결정이었다. 아이들의 의견은 묻지도 않고 너무도 낯선 땅, 낯선 아이들의 틈에 내 아이를 밀어 넣었구나, 하는 미안함에 눈물이 솟구쳤다. 안 그래도 아이들 몰래 짐을 쌌다 풀었다 하고 있던 참이었는데…. 겹 치고 겹친 서러움에 열심히 일하는 남편만 원망할 뿐이었다.

사실 남편 또한 힘든 시기를 보내고 있었다. 걱정하지 말라고 큰소 리치며 나와 아이들을 이역만리 미국으로 데리고 왔건만, 회사에서 는 약속한 월급을 지급하지 않았다. 거의 3개월 동안 월급을 조정받 지 못해서 한국에서 가지고 온 자금을 야금야금 빼 쓰고 있었다. 낯 선 땅, 낯선 환경에서 한 번도 경험해보지 못한 악조건에 처한 우리 는 상상과 현실과의 괴리감에 어떤 방도를 찾아야만 하는 지상 최대 의 갈림길에 서게 되었다.

같은 지구별에 이처럼 다른 땅과 공기가 존재한다는 사실 자체가 혼돈인 시기였다. 공항에서 느꼈던 불안감 이후 우리는 다른 인종으 로서의 우리 가족을 바라보는 어색한 눈빛과 언어 장벽에서 오는 두 번째 불안감을 느끼고 있었다. 그 뒤로 언제부터 아이들과 소통이 되었는지 기억은 없지만 그럼에도 집에서는 한국말만을 고집했고 아이들에게 한글을 먼저 깨우쳐주려고 열성을 다했다.

불안감을 대신할 좋은 점이 하나 있긴 했다. 둘째는 세 돌이 되기 전에 영어를 습득해서인지 영어를 잘했다. 그뿐만 아니라 한국말도 함께 잊지 않고 잘하는 편이었다. 이민자 가정의 가장 힘든 점이 언 어로 인한 부모와 자식 간의 소통 부재인데, 우리 집은 다행히 집에

서는 모두 한국말로 대화한다. 미국에서 태어난 막내아들은 한국말
이 조금 부족한 감이 있지만, 일상대화에는 문제가 없으니 얼마나 다
행한 일인지, 그저 감사할 따름이다. 둘째를 봐도 막내를 봐도 역시
세 돌 전이 언어 습득에 있어서는 가장 좋은 시기임이 증명되었다.

2

흔하지 않은
월반의 기적

가운데 낀 아이가 제일 서럽다는 말이 맞는 말이지 싶다. 둘째가 미국에 적응할 만할 때쯤, 그러니까 둘째가 다섯 살 되던 해에 내가 막내를 임신했다. 큰아이와는 11년 터울, 둘째와는 5년 반 터울로 막내가 태어났으니 임신 기간까지 따지자면 둘째는 4년 만에 동생을 만나는 것이었다. 특히 미국에 막 적응해야 하는 시기에 둘째는 엄마의 심한 입덧으로 보호도 받지 못하다가 동생이 태어나자마자 관심 밖으로 밀려나게 되었다.

미국에서는 보통 만 다섯 살에 킨더가든_{kindergarten}(유치원)에 가게 된다. 그런데 둘째는 미국에서 태어난 시민권자도 아니고 영주권이 있는 것도 아니어서 큰아이 때처럼 개인적으로 교육청에 가서 입학을 위한 등록을 해야 했다. 이때 영어 테스트를 거치고 만약 영어가 필요하다면 ESOL 반에서 먼저 공부할 기회를 준다. 카운티에서 영어가 모국어가 아닌 다민족에게 공짜로 영어를 가르쳐주는 프로그램이다.

다행히 카운티에 한국인 선생님이 계셔서 간단하게 시험을 보았는데, 선생님은 "시험 결과, 일반 수업을 듣기에는 점수가 조금 모자라고 ESOL을 받기에는 무리인 것 같아요. 영어가 꼭 필요한 아이는 반드시 ESOL을 마쳐야 하는데, 이 점수면 일반 수업 중간에 ESOL 수업을 병행하기 때문에 오히려 일반 수업에 지장을 줄 수 있어요. 그러니 되도록 ESOL반에 들어가지 않는 게 아이에게 좋을 것 같아요. 개학 전까지 영어공부를 시켜서 개학 후 다시 한번 시험을 보는 게 좋을 것 같네요"라고 조언해주었다.

집 근처에 인도인이 운영하는 영어, 수학 학원이 있었다. 아주 어린 아이들에게 기초 영어와 수학 연산을 가르치는 학원으로 알고 있었던 나는 둘째를 그곳에 등록시켰다. 네 살 때 카톨릭 사립학교에 다녔기 때문에 영어로 대화하는 건 가능했지만, 글을 읽고 쓰는 수준까지는 아니었기 때문이다.

학원에서 아이는 영어 알파벳부터 제대로 배우기 시작했고, 빠른 속도로 진도가 나가는 듯했다. 그러다가 드디어 아이는 영어 동화책을 읽기 시작했고, 수학은 한국에서 가져온 교재로 매일 공부해서인지 다른 아이들보다 수준이 높은 느낌이었다. 아이의 말에 따르면, 미국 아이들은 지금 1+1을 배우는데 본인은 구구단을 외워 선생님이 놀랐다고 했다.

그렇게 몇 개월이 흐른 후 막내가 태어나는 바람에 내가 라이드를 해줄 수 없어 아이는 학원을 그만두었다. 우리가 살던 곳에는 대중교통 수단이 없어서 엄마의 라이드 없이는 그 어느 곳으로도 이동할 수가 없었다. 지금은 급하면 앱을 통해 탈것을 불러 어디든 갈 수 있고, 중요한 장소에는 마을버스도 있어 이동이 수월하지만 말이다.

내가 아이를 위해 할 수 있는 것은 몇 달 치 시험지를 학원에서 받아와 집에서 아이가 풀게 하고 채점해주는 일 정도였다. 그리고 워낙 독서를 좋아하는 아이를 위해 일주일에 한 번 도서관에 가서 빌릴 수 있는 최대치인 삼십 권씩 빌려오곤 했다.

혼자 그림책을 보다가 잠자리에 들기 전에 적어도 다섯 권은 읽어줘야 잠자는 아이였다. 그 덕에 임신 기간 막내에게 자연스럽게 태교가 되어 좋긴 했지만, 내 영어 발음이 좋지 않은 게 걱정이었다. 가끔 큰아이가 읽어주기도 했는데, 그때마다 언어로 인한 비애를 느끼곤 했다. 그때도 내 교육 철학은 집에서는 절대 영어로 말하지 못하게 하는 것이었다.

집에서 영어를 쓰면 처음엔 아이와 언어소통이 되는 듯 보인다. 학교에서도 조금 도움이 되지 않을까 해서 많은 한국 부모가 집에서 한국말과 영어를 조금씩 섞어 쓰기도 한다. 하지만 나는 그렇게 하지 않았다. 집에서는 영어보다 한국말을 잊지 않도록 하는 데 집중했다. 지금도 미국의 많은 한국인 가정에서 부모만 한국말을 하거나 아이들이 영어로 말하면 부모가 어설픈 영어로 답하곤 한다. 그런데 이는 모두 진정한 대화를 가로막아 결국 가족 간 대화 단절로 이어지곤 한다.

부모가 영어권 출신이어서 한국말을 못 하고 영어를 잘하는 가정에도 문제는 있다. 얼굴은 한국 사람인데 한국말을 전혀 못 하는 기현상이 일어나기 때문이다. 한국에서 미국 사람이 영어를 전혀 못 하면 얼마나 이상할지 바꿔 생각하면 금세 감이 올 것이다.

여하튼 학원에서 기초를 배운 둘째는 하루에 다섯 권씩 책을 읽어주다 보니 아주 쉬운 책은 스스로 읽게 되었다. 이는 아이가 더욱 책을 좋아하는 계기가 되었다. 아이는 그해 9월 공립학교 유치원에 입학했다. 막내가 태어난 지 아직 백 일도 되지 않아, 둘째가 유치원에 입학했지만 제대로 챙겨주지 못했다. 그 미안함이 아직도 남아있다. 미국은 초등학교 1학년이 되기 전 만 다섯 살에 들어가는 유치원이 의무교육이다. 대신 그때는 종일반이 아니고 반일제반이었다. 즉, 유치원 아이들은 온종일 공부하기 힘든 연령으로 받아들여져, 오전반과 오후반으로 나누어서 아이들을 가르친 것이다.

둘째가 유치원에 들어간 지 딱 한 달 만에 학교에서 연락이 왔다. 한국인 ESOL 선생님이 직접 전화해서 한국말로 통화하는 중에 나는 마음속으로 생각했다. '에고, 올 것이 왔구나. 역시 ESOL에 들어가야 하나 보다…. 내가 갓난아이를 돌보느라 경황이 없어서 그랬지만 공부를 조금 더 시켰어야 했는데…'. 그런데 선생님은 오히려 내 생각과는 반대되는 이야기를 하는 것이었다.

"월반을 해야 할 것 같아요. 이유는 제가 만나서 자세히 말씀드리겠지만, 아이의 담임 선생님과 수학 선생님이 시험을 여러 번 치르게 했는데 아이의 성적이 유치원에서 공부하기에 맞지 않는다고 판단하셨어요. 아이를 통해 편지를 보냈으니 자세히 읽어보시고 저희 회의에 참석해주세요."

어찌 된 일인지 영문을 알 수가 없었다. 일단 아이를 기다렸고 아이가 가져온 편지를 읽어보았다. 과연 선생님 이야기대로 한 달 동안 여러 가지 시험을 봤고, 그 점수가 적혀 있었다. 이러한 이유로 부모를 포함 일곱 명이 미팅을 해야 하니 방문해서 같이 의논하자는 내용이었다.

드디어 미팅 날이 되어 학교에 갔다. 정말로 교장 선생님을 포함해 담임 선생님, 수학 선생님, 월반한 아이를 가르칠 선생님, ESOL 선생님, 카운셀러 선생님 등 이렇게 여럿이서 둘째를 위한 미팅을 진행했다. 다행히 나는 한국인 ESOL 선생님이 통역해주어서 회의 내용을 이해하며 미팅에 참여할 수 있었다. 회의의 요점은 우리 아이를 아주 자세하게 관찰해서 내린 결론이다, 이 아이가 계속 유치원에서 공부하면 수준이 달라 지루해하며 공부에 흥미를 잃어버릴 수 있어 우려된다는 것이었다.

또한, 한 달 동안 둘째가 선생님을 도운 조력자였다는 점을 발하며 시험점수만 좋다고 월반을 고려하는 건 아니라고 했다. 친구들과 어울리는 모습을 보아도 사회성이 뛰어나고, 남을 도우려는 희생정신도 강하고, 어른들과 대화가 되는 것이 신기하다고 했다. 시험점수와 이러한 사회성을 고려해서 내린 결론이니, 염려 말고 월반에 동의하라는 뜻이었다.

만약 내가 그 자리에서 동의하지 않으면 당신은 부모의 자격이 없다는 메시지처럼 들릴 만큼 나를 압박하는 듯 느껴졌다. 나는 부모가 동의하지 않으면 학교에서 어떻게 할 수 없는 일이니, 내 허락 사인이 중요하다는 걸 알아챘다. 나는 허락 사인을 하기 전에 이렇게 질문했다.

"왜 월반을 해야 하는지에 대한 이유는 충분히 알겠어요. 만약 월반해서 아이가 적응하지 못한다면 다시 원래 자리로 돌아갈 수 있나요?"

선생님들은 당연히 가능하다고 대답하면서, 자신들의 생각으로는 절대 그런 일은 일어나지 않을 거라고 장담했다.

아이의 의견은 묻지도 않고 월반을 승인한 바로 다음 날부터 아이는 유치원이 아닌 초등학교 1학년 학생이 되어 등교했다. 지금이야 모델을 할 만큼 키가 컸지만, 당시에는 또래에 비해 왜소하고 키도 작은 편이었다. 본인 키보다 더 커 보이는 가방을 메고 스쿨버스에 오르는데 그 모습이 너무 안쓰러웠다. 더군다나 유치원에서 오전반, 오후반으로 나뉘어 공부할 정도로 어린아이 취급을 받다가 갑자기 언니 오빠들과 점심을 먹고 온종일 공부해야 하는 학교생활이 버거울 것 같아 미안한 마음이 들기도 했다. 또 한편으론 남들의 부러움 속에 아이의 월반 사실에 자부심이 느껴지는, 기분이 묘한 날들이 흘러갔다.

아이의 1학년 반에는 한국인 여자아이만 정확히 열한 명이 있었다. 1학년 네 반 중에서도 공부를 잘하는 반이었다. 그중에서도 쟁쟁한 한국인 여자아이가 열한 명이라니. 한 반에 보통 스무 명 정도가 함께 공부하게 되니, 성 비율과 나라별 균형이 맞지 않았다. 아무튼, 그런 그들 사이에 작고 까무잡잡한 동양 여자아이가 등장했으니, 그야말로 그들에겐 놀라운 일이 아닐 수 없었으리라.

당시에는 몰랐는데 미국 속 한인 사회는 서로 도우며 경쟁하며 돌아가는 또 다른 세상이었다. 시기와 질투까지는 아닐지라도 같은 또래 집단에서 우리 아이의 행동 하나하나에 시선이 집중되었던 듯했다. 그런 사실을 인지하는 데는 그리 오랜 시간이 걸리지 않았다.

그때부터 아이는 왕따 아닌 왕따를 당했다. 매일 울며 학교에 안 가겠다는 말을 입에 달고 살았고, 밝았던 아이의 얼굴이 점점 어두워지는 걸 목격해야 했다. 상담 선생님이 교실에서 아이 옆에 앉아 함께 공부하는 일도 생겼다. 그뿐만 아니라 점심시간에 아이가 걱정되어 내가 막내를 유모차에 태우고 카페테리아 창문을 통해 들여다보는 일도 생겼다. 적응을 못 하겠으면 다시 유치원으로 갈까, 하고 아이에게 의견을 물어보아도 지금 1학년 반에 있겠다고 대답할 뿐이었다. 별다른 뾰족한 수가 없었다.

그렇게 2년쯤 학교를 더 다녔다. 아이가 3학년이 되자 더는 그 학교에 있는 게 편하지 않을 것이라는 결론을 내렸나. 그리고 이번에는 한국 사람이 전혀 없는 동네로 이사했다. '맹모삼천지교'라고, 세 번이 아니라 열 번이라도 아이를 위한 일이라면 해야 하는 게 부모의 역할이라고 믿고 강행했다.

이사를 잘한 덕분일까? 아이는 또 다른 학교에 적응하느라 힘들어하면서도 점점 자신만의 개성을 찾아가기 시작했다. 오디션을 본 후 학교 방송반 아나운서가 된 아이는 다른 아이들보다 일찍 학교에 갔다. 매일 아침 학교 TV에 얼굴이 나오는 건 당연지사였다. 거기에 그치지 않고 연극반에 들어가서는 무대배경을 만든다며 온갖 색깔의 페인트를 옷에 묻혀오기도 했다. 오케스트라에서는 바이올린으로 콘서트마스터가 되는 기염을 토했다. 덩달아 나 또한 바쁜 엄마가 되었다. 분명 아이를 전학시키길 잘했다는 생각이 든 시점이었다.

하지만 누군가가 월반을 해서 좋았나요, 라고 묻는다면 난 100% 좋지 않았다고 대답할 것이다. 미국은 나이 제한이 심하다. 예를 들어, 열다섯 살부터 봉사활동이 가능한 일이 많고 운전면허 시험도 열다섯 살 9개월이 되어야 볼 수 있다. 학년제가 아닌 나이제이기에 둘째는 항상 뭐든 같은 학년 친구와 비교해 늦게 해야 하는 것들이 많았다. 고등학교 때뿐만 아니라 대학생이 되어도 열여덟 살이 되지 않아 혼자 사인할 수 없어 부모가 나서야 하는 경우들이 생겼다. 지금까지 월반해서 좋은 점은 단 하나도 찾지 못했다.

3
-
피아노 신동,
다재다능한 아이

음악에 대한 내 철학은 이렇다. 먼저 악보 읽기와 손가락 연습이 되는 만 서너 살 때부터 시작하면 좋고 그저 건반을 두드리는 장난감으로 아기 때부터 놀게 하는 것도 아이의 머리와 두뇌 회전에 좋은 영향을 준다고 믿는다. 둘째 또한 네 살에 피아노를 시작했다. 선생님을 잘 만났는지 피아노 치는 것을 꽤 흥미로워했다. 여섯 살에 범블비 송을 쳐서 카운티에서 2등을 거머쥐며 신동 소리를 들었다. 빠르게 스킬을 습득하며 한창 재미를 붙이는가 싶었는데 아이가 여덟 살 때쯤 선생님이 한국으로 귀국해버리셨다. 그분에게 더는 수업을 받지 못하게 된 아이는 지역에서 이름이 알려진 다른 선생님을 만나게 되었다.

역시 어떤 선생님을 만나느냐에 따라 실력이 늘거나 준다는 말은 맞는 듯하다. 아이는 바뀐 선생님과는 전처럼 피아노를 즐기지 않았다. 이럴 때 궁합 이야기가 나오는 게 아닐까. 부부도 그렇고 형제지간도 그렇고 아무리 평판이 좋은 선생님이라도 본인과 맞지 않으면 결코 좋은 결과를 기대하기 어렵다. 그래서 대안으로 찾은 악기가 첫째와 같은 바이올린이었다. 둘째는 3학년부터 켠 바이올린을 10학년까지 계속했다. 그러면서 학교뿐만 아니라 미 동부 올 스테이트All State 오케스트라 멤버로 활동하는 등 첫째와 같은 길을 갔다.

물론 음악 전공으로 대학을 가진 않았다. 음악은 운동이나 미술에 비하면 대학을 가는 데 아주 좋은 스펙이라고 보기는 어렵다. 아이 셋을 대학에 보낸 엄마로서 감히 그렇게 말하고 싶다. 음악적인 소질과 재능이 있고 끝까지 도전해 대학에서 전공하려는 것이 아니라면, 일찍 다른 길을 가는 것도 좋다. 보통 미국 사람보다 덩치가 작은 동양인은 운동으로 성공하기가 쉽지 않다는 생각에 음악을 전공으로 선택하는 경우가 많다. 나 또한 세 아이 모두 음악을 시켰고 아이들은 내 의도대로 곧잘 따라줬다. 하지만 결국 음악으로 대학을 가지도 않았고, 대학에서 인정해주는 음악 대회를 나가는 일도 드물었다.

스펙은 원서를 쓸 때 대학에서 원하는 것을 충족시키느냐가 관건이다. 음악은 보여줄 수 있는 전통적인 대회가 많지 않고 기껏해야 학교나 지역 오케스트라에서 얼마나 오랫동안 협연했는지, 음악으로 어떤 사회 봉사활동을 했는지 어필할 수 있을 뿐이다. 게다가 연주하는 모습을 비디오로 찍어 보여주는 방법밖에 없어서 그다지 큰 매력이 없다. 오히려 막내가 미술을 하면서 알게 되었는데, 미술은 미국 대학에서 인정해주는 오랜 전통의 다양한 대회가 많다. 개인적으로는 서플리먼트supplement(추가 자료)만으로도 충분히 자신의 예술적인 기량을 보여줄 수 있어서 음악보다는 쉽게 스펙의 역할을 해줄 수 있을 거로 생각한다.

둘째는 바이올린뿐만 아니라 시 쓰는 걸 좋아했다. 중학교 때 아이가 쓴 시가 학교 교가에 들어가서 정말 그럴 수 있는지 확인한 일도 있었다. 그림 그리는 것도 좋아해서 9학년 때쯤 약 30편쯤 되는 시에 그림을 넣어 아이만의 시집을 만들어주기도 했다. 물론 책이 대중화되지는 않았지만, 자신의 이름으로 시집을 냈다는 사실은 아이가 글에 대해 자신감을 갖기에 충분했다. 그때 만들어준 자그마한 시집은 아이의 사춘기적 감성이 고스란히 담겨있는 귀중한 아이만의 역사가 되었다. 아이는 그렇게 자신의 시집이 나오게끔 신경 써준 나에게 지금도 고마워한다. 만약 그때 시가 책으로 묶여 나오지 않았다면 자신의 시가 영원히 잊혀질 수도 있었다면서.

시를 쓰는 아이여서 책을 아주 좋아하는 건 당연한 일이었으리라. 게다가 어릴 때부터 책을 끼고 살았던 아이였다. 오죽하면 도서관에서 더는 빌릴 책이 없다고 말할 정도였다. 시험이 바로 코앞이어도 2층으로 올라가는 계단에 수북이 쌓여 있던 책들이 모두 없어지곤 했다. 아이 방에 들어가 보면 책을 읽느라 침대에서 나오지 않을 정도였다. 밤 늦도록 책을 읽으면서 밤낮이 바뀌어 불면증으로 고생도 많이 했다. 그 습관이 대학 때까지도 이어져 불면증에 우울증이 겹친 아이는 학교 카운슬러 신세를 지기도 했다. 어릴 적 습관이 이렇게 무서운 결과를 낳을 수도 있다는 걸 그때는 알지 못했다.

한마디로 아이는 집에서는 책만 읽고 학교에서는 잠만 자는 학생이었다. 그렇다고 학교 성적이 나쁘냐면 그렇지도 않아서 부모지만 딱히 뭐라 할 수도 없는 노릇이었다. 한번은 아이 친구가 우리 집에 와서 나에게 학교에서 찍은 비디오를 보여주었다.

빈 교실에서 우리 아이가 책상에 엎드려 자고 있다. 종이 울리고 아이가 깨어나니 아무도 없다. 그 사실을 알고 아이가 놀란다. 알고 보니 선생님과 아이들이 수업이 끝나고 모두 나간 후에 언제 우리 아이가 깨어나는지 보고 싶어서 비디오를 찍은 것이었다. 우리 아이가 깬 순간, 모든 아이가 박수를 치며 교실에 들어가는 것으로 비디오는 끝났다. 그만큼 우리 아이는 학교에서 잠만 자는 아이로 유명했다. 아이의 친구 앞이라 얼굴은 웃고 있었지만 참으로 참담한 마음을 감출 수 없는 비디오였다.

그 당시 나는 둘째에게 이렇게 물어보았다.

"그럼 넌 언제 공부하니? 학교에서 잠만 자면 시험은 어떻게 봐?"

내 물음에 우리 아이는 아주 간단하게 대답했다.

"엄마, 그러니까 내가 얼마나 힘들겠어요? 혼자 공부하는 거지요….”

이 얼마나 희한한 일인가? 수업은 안 듣고 혼자 공부해서 시험을 본다니…. 그랬던 아이가 대학 원서를 넣기 전 12학년 통틀어 단 한 차례 전교 등수가 나올 때 첫째 아이와 소수점까지 같은 GPA 점수를 받았다.

이렇게 기이한 일을 그냥 넘겨서는 안 되었다는 걸 난 아이가 대학을 가고 나서야 알게 되었다. 하지만 그때는 이미 늦어 땅을 치며 후회했다. 만약 집에서는 밤새도록 책만 읽고 학교에서는 잠만 자는 아이가 비정상적이라 생각하고 의사 선생님을 찾아갔더라면 어땠을까? 자세한 내용은 다음 편에서 이야기하기로 하고, 지금은 둘째의 다재다능함 중 동물을 사랑하는 마음에 대해 말해보려 한다.

다섯 살 때쯤 아이가 미국 아저씨와 대화를 나눈 적이 있었다. 미국인 친구 집에 아이를 데리고 갔는데 내가 친구와 대화하는 동안 친구의 남편이 아이와 놀아주었다. 그렇게 아이와 함께 놀며 시간을 보낸 친구 남편은 눈이 왕방울만해져 내게 이렇게 말했다.

“이 아이는 천재임이 분명해요. 대학생이나 알고 있을 법한 이야기를 함께 나누었어요. 겨우 다섯 살인 어린아이가 고양이와 새에 대해 이렇게 많은 걸 알고 있다니 놀라워요.”

둘째는 책도 좋아했지만, 동물이 나오는 다큐멘터리를 눈이 빠지도록 집중해서 보곤 했다. 날아가는 새를 보고 저건 수컷이야, 저건 암컷이야, 이름은 무엇이야 등 새에 대해 내게 자세히 설명해주었다. 그뿐만 아니라 강아지의 종류와 이름, 고양이의 습성, 땅속 동물들의 이름이며 생태까지 줄줄이 꿰고 있었다.

참으로 특이해서 나중에 수의사가 되려나 싶을 정도였다.

결국, 고등학교 때 동물 클럽을 만든 아이는 동물보호소와 연계해 각종 봉사활동을 했을뿐더러 직접 동물들을 돌보기도 했다. 고등학교 때 병원에 인턴으로 들어간 아이가 쥐 실험을 했는데, 실험 쥐가 너무 불쌍하다며 우리 몰래 지하실에 가져온 적이 있었다. 우리도 그 쥐들을 어쩌지 못해 몇 년 동안 키우는 불상사를 겪어야 했다. 이런 에피소드를 통해 만들어진 추억은 분명 우리에게도 아이에게도 길이길이 남을 것이다. 그 뒤로도 기니피그며 햄스터며 불쌍한 무언가가 있으면 아이는 집 안으로 들여왔다. 그 뒷감당은 항상 부모 몫으로 남아 참으로 힘들었지만 말이다.

고등학교 때 클럽활동만 열세 개를 했다면 아마도 믿지 못할 것이다. 동물 클럽을 기점으로 수학반, 오케스트라, 심지어 졸업앨범을 만드는 클럽에도 이름을 올리는 등 아이가 안 속한 클럽이 없을 정도였다. 졸업할 때도 전설로 불릴 만큼 아이의 인기는 대단했다. 초등학교를 졸업할 때도 사회자, 연극, 오케스트라 등 우리 아이가 이 학교에 없었다면 학교가 돌아가지 않았겠구나! 싶을 정도로 전학 간 학교에서 아이는 날개를 달았는데, 결국은 졸업 때 오바마 대통령상을 받는 기염을 토했다. 중학교 때도 이어진 이런 활동으로 연속해서 대통령상을 받아 모두를 놀라게 했다.

다재다능한 아이지만 만약 한국이었다면 둘째가 공부 이외에 이렇게 다양한 활동을 할 수 없었을 것이다. 공부에만 집중해도 힘든 수험생이 공부에 도움이 되지 않는 온갖 학교 동아리에 가입해 활동하겠다고 하면 교사나 부모의 반대로 뜻을 이루지 못했을 테니까. 다양함을 추구하고 가진 재능을 십분 활용할 기회를 주는 미국의 공립학교 시스템이 그저 부러울 따름이었다.

4
-
카네기멜론대학과 우울증
그리고 ADHD

집에서는 책만 읽고 학교에서는 잠만 자면서도 클럽활동은 활발하게 하는, 다소 엉뚱하지만 재미난 아이가 우리 둘째였다. 하지만 막상 대학 원서를 넣으려니 딱히 자신 있는 한 가지가 없었다. 그래도 공부나 과외 활동을 언니와 거의 똑같은 수준으로 한 만큼 조금은 자신 있게 존스 홉킨스 대학 프리메디 전공으로 원서를 썼다. 미국 대학은 레거시Regacy라는 제도가 있어서 부모님이 나온 대학에 자식이 응시하면 우선순위를 준다. 특히 형제자매가 들어간 학교에 응시하면 가산점을 주는 학교가 많아 언니의 레거시 혜택을 보려는 속내도 있었음을 인정한다.

하지만 존스 홉킨스는 그러한 레거시 제도가 없는 것으로 유명하다. 그래도 고등학교 때 존스 홉킨스 병원에서 인턴으로 1년간 연구한 경력도 있고 홉킨스에서 운영하는 CTY 캠프에도 두 차례 참여한 기록이 있어 원서를 넣었지만, 디퍼가 되었다. 그 실망감은 아주 오랫동안 지속되었다. 여러 대학에 응시한 정시는 몇 군데 학교에서 합격 통보를 받았다. 아이는 그중에서 가장 순위가 높고 장학금을 주는 피츠버그 소재 카네기멜론대학을 가기로 결정했다.

미국에서는 카네기멜론이 대학 순위 20위(2025년 USA 랭킹)로 25위인 조지타운대학보다 높다. 하지만 한국에서는 그리 알려진 대학이 아니라서 친척이나 친구에게 아이가 간 대학을 설명하기가 어려웠다. 그만큼 아이는 학교에 대한 실망감을 안은 채 대학 생활을 시작했다. 언니와 같은 길인 프리메디 전공으로 막연한 의사의 꿈을 안고서.

피츠버그는 집에서 약 3시간 반 거리로 북쪽에 위치해 추운 주에 속한다. 특히 카네기멜론대학은 오래된 도시 안의 역사가 깊은 학교라서 건물이나 기숙사가 낡아 히터도 잘 들어오지 않는 열악한 환경이었다. 그런 곳에 아이를 홀로 두고 오려니 마음이 짠했다. 첫째의 대학은 집에서 30분 거리에 있어서 마음이 그리 아프지 않았는데, 더 멀리 있는 데다 낡고 오래된 학교의 기숙사에 둘째를 두고 오려니 마음이 놓이지 않았다.

그렇게 한두 달이 채 지나지 않아 둘째에게서 전화가 왔다. 여느 날처럼 그저 안부 전화려니 하고 받았는데 아이가 갑자기 진지한 말투로 천천히 이야기하기 시작했다.

"엄마, 놀라지 말고 들어요. 내가 요즘 잠을 못 자서 카운셀러에게 자주 상담받으러 가는데 아무래도 정신과 상담을 정식으로 받는 게 좋을 것 같다고 해요. 별일 아닌데 내가 열여덟 살이 되지 않아 부모의 동의가 있어야 진행할 수 있다면서요. 아마 엄마에게 카운슬러의 연락이 갈 건데 엄마가 놀랄까 봐 미리 말해요….."

자다가 벼락이 떨어진 것도 아닌데 지금 이 글을 쓰면서도 눈물이 주르륵 흐른다. 얼마나 힘들었으면 카운셀러와 상담을 하고 그것도 모자라 정신과 의사와 상담해야 하는 걸까? 미국은 대학마다 카운셀러가 상주하고 있어서 학생 누구나 신청하면 상담을 받고 필요하면 정신과 상담도 자유롭게 받는다는 말을 많이 들은 터였다. 그러니 그리 놀라운 일이 아니었는지도 모르겠다.

하지만 어린 나이에 월반해서 아직 열여덟 살도 되지 않은 아이가 부모와 떨어져 그 멀고 오래되고 낡은 곳에서 생활한다는 자체가 불안한 일이었다. 그런데다 불면증에 시달리며 정신적인 고통을 받고 있다고 생각하니, 당장 데리고 오고 싶은 마음이 굴뚝같았다.

전화를 끊고 가슴이 미어져 한참을 남편과 울고 난 다음 날 우리는 아이를 만나러 카네기멜론으로 향했다. 아이의 손목에는 작은 상처들이 나 있었고 조금 더 말라 있었다. 아이는 학교가 싫다고…, 내가 왜 이런 학교에 다녀야 하는지 모르겠다고…, 엄마 아빠가 있는 근처 학교로 전학 가고 싶다고…, 말하며 울먹였다. 우리는 당장 동의했다. 학교가 다 무슨 소용이냐며 당장 가자고 말하곤 아이를 데리고 집으로 왔다.

아이는 고등학교 때의 친한 친구들이 많이 다니는 학교 기숙사에서 함께 며칠을 지내고 왔다. 그러더니 그래도 자신의 대학 친구들이 보고 싶다며 대학을 바꾸는 Transfer는 조금 더 생각해보겠다고 했다. 그러곤 마음을 돌려 피츠버그로 향했다. 그때 만약 그래도 다니던 학교에 다녀야 한다고 아이를 다그쳤다면 어떻게 되었을까? 지금 생각해도 아찔하다. 모든 게 운명이라는 말이 또 한 번 떠오르는 시점이었다. 부모는 역시 아이의 의견을 믿고 따라주며 기다려주는 게 현명한 처사가 아닐까 생각해본다.

그렇게 카네기멜론으로 돌아간 아이는 학교생활을 하며 정신과에서 심리 상담을 받기 시작했다. 여러 가지 심리 테스트를 했는데 결과적으로는 드라마 〈이상한 변호사 우영우〉로 인해 유명해진 자폐 스펙트럼인 ADHD라는 판명이 났다. 물론 ADHD는 그 해당 범위가 너무도 광범위해 어디에서 어디까지가 ADHD인지 알 수 없다는 말이 많다. 스펙트럼이라는 말처럼 그 강도와 넓이가 광범위한 것이 사실이다. 그래서인지 요즘은 성인 자폐 스펙트럼 환자도 많아서 조금만 이상한 행동을 해도 너 성인 자폐야? 하며 농담을 하기도 한다. 아이의 경우 굳이 그런 병명을 붙이지 않아도 될 만큼 증상이 약하다고 했지만, 그 결과를 받아들여야만 하는 우리의 마음은 무거웠다.

그때부터 우리는 아이가 어떻게 하면 학교에 잘 적응하며 다닐 수 있을까에 초점을 맞추었다. 어쨌든 떨어져 살아야 하고 그 시간을 잘 이겨내야 하는데 어떡하면 우울하지 않게 생활할 수 있을까? 고민하다 강아지 생각이 났다. 아이가 고등학교 때 키우던 진돗개가 치매로 인해 집을 나가고 다시 찾고 다시 나가고를 반복하다 결국 하늘나라로 가게 되었던 시점이 둘째가 대학 원서를 써야 하는 시기와 맞물렸었다. 그로 인해 아이는 더욱 힘든 시간을 보냈었다. 우리는 입시 시기에 맞닥뜨린 힘든 아이의 마음을 다독이기 위해 한국에서 입양해 온 강아지를 우리가 다시 입양해 키우면서 진돗개를 보낸 아이의 아픔을 치유했었다.

그래! 강아지를 키우면 우울감을 털어 버릴 수 있지 않을까? 일단 우리는 아이에게 동물보호소에 가도록 조언해주었다. 그곳에서 아이는 자기를 유난히 따르는 강아지를 만나게 되었다. 하지만 그 강아지는 입양 대기자가 이미 세 명이나 있다는 말을 전해 들었다. 나는 또 가만히 손 놓고 기다릴 수가 없었다. 능숙한 영어 실력도 아니면서 그곳에 가서 간곡히 말했다. 우리 아이가 아프다, 우울증이 있는데 저 강아지를 보더니 밝아졌다, 우리는 지금도 강아지를 키우고 있고 강아지를 아주 오랫동안 잘 키우고 있는 가정이다. 그러니 제발 우리에게 저 강아지가 올 수 있게 해 달라고.

우리는 키우던 강아지가 우리 집 안에서 지내는 모습, 그리고 울타리 안에서 안전하게 뛰어놀고 있는 모습 등을 비디오로 찍어서 동물보호소에 보냈다. 강아지가 안전하고 행복하게 지낼 수 있다는 간곡한 편지도 함께 동봉해서. 또한, 우리가 다니는 동물병원을 소개하고, 직접 수의사와 전화를 연결해 강아지의 예방 접종뿐만 아니라 병원의 돌봄을 잘 받게 해주는 가정임을 알렸다.

진심이 통했는지 드디어 그 까맣고 조금 모자란 듯한 강아지는 'SUPPORT DOG'라는 빨간 이름표를 달고서 우리 아이가 있는 기숙사로 가게 되었다. 강아지를 키울 수 있는 기숙사가 아니었지만, 강아지와 함께 생활해야만 하는 이유를 의사가 서류에 사인해주었기 때문에 학교에서도 온갖 편의를 다 봐주었다. 학교는 기숙사 1인실을 배정해주어 강아지와 함께 지낼 수 있으며, 조용히만 있다면 강의실에 데리고 들어가 공부할 수도 있고, 강아지를 데리고 비행기를 탈 수도 있는 특권을 아이에게 주었다. 그런 과정을 겪으며 미국의 학교 시스템은 특별한 학생에 대한 배려를 충분히 해준다는 것을 다시 한번 느끼게 되었다.

과연 강아지와 함께하며 둘째 딸의 태도는 달라지기 시작했다. 방안에만 있고 싶어 하는 우울한 아이에게 강아지는 아이를 밖으로 유인하는 매개체가 되어주었다. 매일 배변을 위해 산책해야 하고 매일 강아지 공원에 데리고 가서 놀게 해야 했으니까. 아이는 어린 강아지의 엄마가 되어 강아지 몸에 좋은 것만 먹일뿐더러 조금만 아파도 병원에 데려가기 위해 멀리까지 버스를 타고 가야 했다. 그러면서 아이는 서서히 우울한 기분에서 빠져나오고 있었다. 지금도 그 까만 강아지는 내 딸을 튼실하게 지켜주는 충견이 되어 로스쿨에 가야 하는 아이의 운명에도 동참하게 되었다. 우울한 학생에서 멋진 모델로, 이제는 변호사 엄마가 될 운명적인 만남이 그때 시작되었음을 8개월 된 강아지와 열여덟 살이 된 내 딸은 알았을까?

5
-
프리메디에서
심리학, 철학
그리고 정치학으로 전과

미국 대학은 전공을 바꾸는 게 한국처럼 어렵지 않다. 한국에서는 법대에 들어갔다가 의대로 전환하려면, 혹은 의대에서 법대로 학과를 바꾸려면 수능을 다시 보고 전과해야 한다고 알고 있다. 하지만 미국은 시스템이 전혀 다르다. 우리 둘째는 프리메디, 즉 의과대학에 진학하기 위한 전 단계를 공부하는 과를 지원해 대학에 들어갔다. 큰아이 또한 존스 홉킨스에서 프리메디 과정을 밟았고, 결국 의대를 가서 성형외과 의사가 되었다. 하지만 졸업할 땐 의대를 지원한 학생 중 절반에도 못 미치는 아이들이 의과대학에 들어갔다.

둘째 또한 언니와 같은 길을 가고자 고등학교 때부터 이과 수업을 들었고, AP도 화학이나 물리 같은 시험을 보았다. 당연히 프리메디로 대학에 들어갔다. 이래서 집안에서 큰아이가 제일 중요하다고 하나 보다. 앞서가는 큰사람의 길이 곧 자신의 길이 될 거라고 동생들에게 착각하게 만들기 때문이다. 같은 길에 대한 정보도 많을뿐더러 서로 연계해서 힘을 합할 수도 있고, 그 길이 확실한 미래로 굳어진다면 더 바랄 게 없기 때문이다. 그런 의미에서 부모의 학력 또한 자식에게 영향을 줄 수밖에 없다. 남편과 나는 그러한 미국의 사회적 네트워크 면에 커다란 취약점을 갖고 있는 만큼 아이들이 가고자 하는 길에 등불이 되어주지 못해 미안함을 느낀다.

둘째는 어릴 때부터 동물에 관심이 많아 수의사가 된다면 행복하겠다 싶었다. 어릴 때 받은 적성 검사에서도 수의사가 1번으로 나와 적성에도 맞을 것 같았다. 한편, 영어를 전혀 모를 때 TV에서 아기를 낳는 장면을 보고 또 보았던 아이라 산부인과 의사가 되려나 싶기도 했었다. 이런 예상이나 바람을 우리는 전혀 의심하지 않았다. 아이가 심리 상담을 받기 전까지는….

그런데 정신과에서 심리 상담을 받으면서 아이의 성향이 나타나기 시작했다. 그전에는 몰랐던 자아가 발견되었다고나 할까? 나는 감성이 풍부한 둘째가 사람 목숨을 좌지우지하는 만큼 냉철해야 하고 감정이입이 되어선 안 되는 의사의 길이 맞지 않음을 그제야 깨달았다.

나는 부모가 자신의 아이를 제일 잘 아니까 아이의 장점을 살릴 수 있도록 길을 찾아주고 도와줘야 하는 게 가장 중요하다고 생각해왔다. 그래서 아이가 어릴 때부터 무얼 제일 잘하는지, 무엇에 흥미를 느끼고 재미있어하는지, 어떤 면이 남보다 뛰어난지 알려고 무던히 애썼었다. 하지만 아이의 상태를 직면하곤 그저 둘째를 큰아이에게 억지로 끼워 맞춰 키운 건 아닌지 자책하게 되었다.

둘째는 도서관에 읽을 책이 없을 정도로 독서광이었다. 시험이 코앞이어도 책을 들고 유유자적하는 아이였다. 감성이 풍부해 어린 나이에도 나무를 좋아하고 동물을 사랑하며 그림을 그리고 시를 쓰는 낭만적인 아이였다. 곁에서 항상 바라보며 모든 생활을 아이와 함께했던 엄마인 나는 도대체 어떤 생각을 가지고 내 아이의 미래를 예단했었는가? 내가 알고 있는 아이는 도대체 어떤 아이였을까?

영어가 되지 않아 6개월이 지나도록 친구들과 말 한마디 못 한 아이. 그때 홀로였던 외로운 어린아이, 오롯이 자기 삶을 지켜내느라 힘들었을 고등학교 시절 그리고 대학에 들어가 불면의 밤을 지새웠을 아이가 오버랩되면서 마음이 너무 아팠다. 그런 아이를 생각하니 내 불면의 밤은 한낱 사치였다는 생각이 들었다.

동물보호소에서 입양한 검은 강아지를 데리고 기숙사로 돌아간 아이는 심리 상담을 받으며, 강아지를 돌보며 우울증에서 벗어나고 있었다. 아이는 고등학교 때처럼 대학에서도 동물 클럽을 만들었다. 학교에 강아지 공원을 만들고 공원에서 만난 사람들과 소통했다. 어린이부터 어른까지 강아지를 키우는 공통 화제를 나누며 바쁜 나날을 보냈다.

차츰 심리적으로 안정되어가면서 아이는 자신의 진로를 고민하기 시작했다. 과연 언니와 같은 길을 가는 것이 맞을까? 아이는 나와 남편과도 많은 대화를 나누었다. 아이는 피를 보는 행위와 계속 무언가를 외우는 일이 쉽지 않다고 토로했다. 생각보다 학점 받기가 쉽지 않고 무엇보다 카네기멜론에서 프리메디 프로그램은 컴퓨터 사이언스나 미술과 관련된 학과처럼 학교에서 지원해주는 학과가 아니었다. 그래서 정작 의대에 진학하는 비율이 상당히 낮았다. 카네기멜론은 존스 홉킨스처럼 의대에 포커스가 맞춰져 있는 학교가 아니라서 좋은 의대 진학을 기대하기 어려운 것은 사실이었다. 그래서 다른 과로의 전과를 알아보고 있다며 아이는 자신의 결정을 이해시키려 우리를 설득했다.

우리는 아이의 마음이 제일 중요하다고 보았다. 아이는 정신과 상담을 받다 보니 심리학에 관심이 높아졌다. 그래서 일단 심리학으로 학과를 바꾸리라 결심했다고 말했다. 대신 철학과 정치학을 부전공으로 하기로 하고 본격적으로 전과에 대한 정보를 입수하기 시작했다. 의대에서, 즉 이과에서 문과로 전과하는 과정이 물론 한국보다는 훨씬 쉽지만, 그렇다고 미국에서도 만만한 일은 아니다. 왜냐하면 그동안 이수했던 이과 과목이 문과에서 이수해야 하는 과목과는 완전히 달라서 다시 학점을 따야 했기 때문이다. 학점 면에서는 그만큼 불이익을 받을 수밖에 없었다.

예를 들어, 중학교 때 들은 화학1의 경우 고등학교 1학년 때는 화학2를, 2학년 때는 화학3을 그리고 3학년 때는 대학교 수준인 AP를 순차적으로 들어야 하고 그 점수가 대학 원서에 들어간다. 이때 4점 이상을 받으면 대학교 때 그 학점이 인정된다. 인정된다는 것은 그 과목을 대학에서 다시 수강하지 않아도 되니 비싼 등록금을 그만큼 아낄 수 있다는 의미다. 그만큼 고등학교 때 AP를 많이 듣는 아이들은 공부에 열정이 있는 것으로 간주되어 대학에서도 그 학점을 인정해준다는 뜻이다.

고등학교 때부터 의대에 가기 위해 이과 과목을 들었던 우리 아이는 대학에 들어가서도 당연히 이과 과목을 이수하고 있었다. 그러던 차에 문과에 속하는 과목들을 처음부터 이수해야 하는 어려움에 봉착한 것이다. 그동안 배우고 시험을 봤던 이과를 포기하고 처음부터 시작해야 하는 어려움을 불사해야 하는 만큼 전과는 학점 면에서 불리해 결코 쉬운 결정이 아니었다.

그럼에도 아이는 프리메디 2학년 때 심리학과 철학 그리고 정치학을 본격적으로 공부하기 시작했다. 그런데 하필 코로나19가 시작된 시점도 이때였다. 다른 친구들은 집으로 돌아가거나 아예 학교를 쉬는 등 분위기가 어수선했다. 하지만 둘째는 반려견과 함께 기숙사를 지키리라 결정하고 1학년 때 낮았던 GPA를 만회하기 위해 열성을 다해 공부했다. 특히 심리학과 철학을 함께 공부하는 이점은 아이의 미래에 날개를 달아주었다.

아이는 심리학을 공부하면서 우울증과 자폐 스펙트럼을 앓고 있는 자신을 심리학적으로 투영해보며 다른 사람을 바라보는 시선이 달라졌을 것이다. 자신이 겪는 이상 행동이 다른 세상에 사는 사람들을 마주하면서 달리 느껴졌을 것이다.

그러면서 아이는 왜 시험이 코앞인데 책을 놓지 못했는지, 어떤 생각에 사로잡혀 그 어린 나이부터 잠을 자지 못하고 불면의 밤을 하얗게 지새워야 했는지, 왜 실험 쥐를 부모의 반대를 불사하고 집으로 갖고 오게 되었는지, 왜 자신의 방에 그토록 여러 물건이 널브러져 있는지…, 등등 직접 심리 상담을 하고 심리학을 공부해보니 자신이 왜 그동안 그렇게 헤맸는지를 알게 되었다고 했다.

물론 지금도 정신과 상담을 주기적으로 받고 여전히 ADHD 약을 먹고 있다. 한국보다 미국에서는 ADHD란 병명이 일반 사람들에게 스스럼없이 다가오는 건 사실이다. 하지만 모델 일을 위한 출장을 가면서 가방을 쌀 때도 다른 사람보다 시간이 더 걸리고, 어떤 결정을 내려야 할 때 집중하지 않으면 혼선이 오고, 물건에 집착하는 습관이 남아서 한 가지 음식에 꽂히면 같은 음식을 계속 먹는 어려움을 아이는 지금도 겪고 있다. 자신의 모습을 있는 그대로 인정하고 개선해 가는 여정이 힘듦에도 지치지 않고 앞으로 나아가는 우리 딸이 자랑스럽다.

6
-
대학에서
길거리 캐스팅을 당하다

유난히도 아들을 원했던 나. 남아선호사상이 진하게 남아있던 마지막 세대라고나 할까? 우습게도 지금은 세상이 완전히 바뀌어 한국은 여아선호사상 세계 1위를 찍었다고 한다. 꼰대 같지만 나는 어린 시절부터 다시 태어난다면 남자로 태어나기를 간절히 바라던 사람이었다. 내 부모님의 양육 방식에 남아선호사상을 불러일으킬 만한 면이 있었나? 교육적인 면에서 여자라서 불이익을 당한 기억이 있었나? 아무리 곰곰히 생각해보아도 별다른 나쁜 기억은 없는데, 남자보다 여자라서 무언가를 뜻대로 못 하고 있다는 착각에 빠져 있었나 보다.

　본격적으로 남자가 되기를 희망했던 시기는 오히려 지금의 내 남편을 만나고부터였다. 남편과는 서로 동갑내기고 나는 여자로서는 큰 키에 마른 체형이어서 결코 작아 보이지 않는다. 그럼에도 남편은 여자는 연약하므로 보호해야 한다는 사명감이 있는 양 나를 과보호하기 시작했다.

　결혼할 때 의처증이 의심될 정도였고, 그 당시엔 그게 사랑으로 느껴지지 않았다. 그저 여자니까 약하게 생각하는구나, 싶어 보호받는 상황에서 벗어나고 싶었다. 그래서 나처럼 연약한 사람으로 생각되어 남자에게 보호받는 게 아닌, 정말 두려움이 없이 세상을 사는 남자아이를 낳길 간절히 바랐는지도 모르겠다.

　이러한 연유로 그렇게 아들을 원했건만 첫째에 이어 둘째까지 딸을 낳았다. 난 두 딸아이에게 예쁜 공주 옷을 입히기가 싫었다. 그래서 거의 중성적인 옷을 입혔다. 다행히 둘째는 내 바람까지는 아니었지만, 바비인형 대신 포켓몬을 좋아했고 아름다운 공주가 나오는 영화 대신 수술하는 남자 의사가 나오는 영화나 동물만 나오는 내셔널 지오그래픽 같은 자연 다큐멘터리 보는 걸 좋아했다. 둘째는 그렇게 중성적인 이미지로 어린 시절을 보냈다. 태교도 아들을 위한 것만 들었고, 아기용품도 파란색이나 회색 같은 것들로 준비했다. 공주 옷을 입힐 여지를 아예 없애버렸다.

　둘째가 두 살 때 미국에 오면서 찍은 사진을 보면 야구모자에 줄무늬 티셔츠, 야구점퍼 그리고 베이지색 바지, 거기에다 사납게 옆으로 뻗친 선글라스까지 아주 귀여운 남자아이의 모습이었다. 둘째는 그때의 모습이 너무 힙하다며 좋다고 말하지만, 엄마로서는 왜 이리 마음이 아픈지…. 남자아이를 바라는 마음에서 그렇게 입혔는데 지금 모습은 누가 봐도 이쁘장한 여자의 모습이니. 지금은 그 아이가 여자여서 얼마나 다행인지 모르겠다. 운명의 여신은 어느 편에서 미소를 짓고 있는 걸까. 지금까지 살아왔어도 모르는 게 인생이라더니, 참 아이러니하다.

딸 둘을 남자아이처럼 키워서였을까. 막내는 내가 그토록 원하던 아들이었다. 그렇게 꿈에 그리던 아들, 막내는 둘째와 베스트 프렌드가 되었다. 큰아이는 둘째처럼 동생을 살뜰히 챙기는 스타일은 아니었다. 큰아이는 초등학교만 네 번을, 그것도 한국에서 두 번 미국에서 두 번이나 학교를 옮겼다. 그렇게 힘든 공부 여정을 지나온 딸이라 그런지 마음이 짠해서 동생들까지 돌봐주기를 바라는 마음은 없었다. 성격 역시 둘과는 판이함을 인정해야 했다.

둘째 아이는 일단 외모적으로도 남성스러워 보였지만 온종일 포켓몬 카드놀이나 게임을 하거나 조용히 책을 읽는 성향이라 남동생과 함께 노는 일이 많았다. 덕분에 막내 혼자 있었다면 힘들었을 일들이 둘째가 있어 많은 도움이 되었다. 책을 읽으라고 하면 말 못 하는 동생을 데리고 몇 시간씩 책을 읽어주고, 함께 로봇이 나오는 영화를 보거나 유치원 선생님 노릇을 하며 공부도 시키는 멋진 누나였다. 그런 누나의 말이라면 군말 없이 따라주는 막내와 지금은 둘도 없는 베스트 프렌드가 되어 서로를 의지하고 있다.

유치원에서 초등학교 1학년으로 월반할 때 둘째는 머리가 자신보다 하나씩은 더 큰 언니들과 어울려야 했다. 게다가 깡마른 몸에 얼굴은 까무잡잡했으니 한국인이라기보다는 살짝 동남아시아에서 온 아이 같았다. 말라 보이기도 했지만, 살이 찌는 체질이 아니었다. 먹는 걸 즐기지 않아 늘 걱정이기도 했다.

둘째는 중학교 때까지도 작은 아이 축에 들었다. 생리를 시작하면 성장을 멈춘다는 말을 많이 들었던 터라 그러려니 했다. 큰아이도 엄마인 나보다 크지 않았기에 키에 관한 한 둘째에게도 그리 기대를 하지 않았다. 한국에서 성장판을 찍어 보았을 때 큰 키로 나오지 않기도 했다. 그러다 고등학교에 가더니 갑자기 식욕이 왕성해졌다. 고기 몇 판은 혼자 다 먹고 끼니마다 고기가 있어야 했다. 피자도 라지 사이즈를 혼자 다 해치우는가 하면, 잠이 오지 않는다며 새벽에 스낵이나 야식을 먹어댔다.

그렇게 살이 조금 붙는가 싶더니 키가 쑥쑥 크기 시작했다. 그때부터는 어떻게 하면 키가 좀 더 클지 연구해가며 키에 좋다는 것들을 선별해 먹었다. 그러자 차츰 중성적인 아이에서 사춘기를 벗어난 여자의 모습이 보이기 시작했다.

그러다 대학 초반에 힘든 시기를 보내고 강아지와 씨름하며 제2의 대학 생활을 하던 중 우연히 길거리 캐스팅이 되었다. 카네기멜론에 유명한 학과가 몇 있는데 패션디자인과가 그중의 하나다. 그 학교 패션디자인 전공 교수가 둘째를 픽업해서 무대에 세우는 일이 벌어졌다. 디자인과 학생이 만든 옷을 입고 런웨이에서 멋지게 걷는 모습을 우리는 집에서 온라인 생방송으로 지켜보았다.

둘째는 뒤로 젖힌 듯 상체를 빼고 시선은 정면을 향한 채 팔을 씩씩하게 흔들며 무대를 걸었다. 희한한 옷을 입었다가 우스꽝스러운 드레스를 입는 등 우리가 보기에는 어설픈 옷과 어설픈 동작으로 무대를 휘젓고 다녔다. 하지만 기존 디자인보다 창의적이고 기발한 옷들에 눈이 휘둥그레졌다. 파란색 비닐을 이어 붙여 미끄덩거리지만 볼륨감이 느껴지는 옷은 미래의 패션을 미리 보는 듯하기도 했다. 기존 디자이너의 옷과는 사뭇 다른, 대학생들이 디자인한 옷을 펼치는 무대라 흥미진진했다.

어떤 부분에서 지나치게 불안이 많은 아이가 무대에 선다는 건 둘째에게 꿈에도 생각하지 못할 일이었다. 그런데 스포트라이트가 자신에게 집중되고 카메라가 돌아가는 중에 워킹을 하며 당당하게 자신을 드러내는 모습에 둘째 스스로도 놀라지 않을 수 없었을 것이다. 카메라를 응시하며 살짝 미소를 머금은 그때의 표정이 모델 세계로 진입하는 첫걸음이었고, 화려한 꿈의 도전을 알리는 신호탄이었다.

7
한국에서
아이돌 제안을 받다

대학교 패션디자인과에서 개최하는 오픈 무대에 첫발을 디딘 후 그렇게 학교에 다니며 조금씩 광고를 찍었다. 피츠버그는 아주 작고 오래된 주라서 광고를 찍을만한 유명한 회사도 없었다. 유명한 에이전시는 거의 뉴욕이나 LA처럼 대도시에 밀집해 있었다. 그런 현상은 한국의 강남과 비슷하다고 보면 된다. 학교에 다니며 아르바이트하는 기분으로 광고를 찍으면서 둘째는 대학교 2학년을 마치고 여름방학을 이용해 한국에 갔다.

한국 방문은 방학 동안 연세대학교 수업을 듣기 위해서였다. 카네기멜론과 연세대가 교환학생 프로그램이 있는 건 아니지만 정치학과 관련된 학점을 인정해주는 코스가 있었다. 다행히 뉴욕에서 판사로 재직하는 분이 그 과목을 직접 영어로 강의한다는 정보를 입수했다.

둘째가 정치학에 관심을 기울이게 된 게 어릴 때부터 낯선 사람과 이야기하기를 좋아하는 데서 비롯되었다고 하면 비약이 심한 걸까. 둘째는 불쌍한 사람이든 나이가 많든 심지어 노숙자든 먼저 다가가 말을 걸고 물을 사다주며 함께 살아가는 이야기를 하곤 했다. 그런 모습을 보며 나는 둘째가 감상적인 면이 많다는 걸 알았다. 초등학교 때 축제에 가면 아이는 내 손을 이끌고 청소하는 아저씨며 교장 선생님에게 인사하며 엄마를 소개하느라 바빴던 기억이 난다. 미국에서 우리도 이민자로서의 아픔을 겪는 측면이 있지만, 둘째는 흑인들이 겪는 인종차별, 그리고 소수자 성차별 같은 문제에 관심이 많은 아이였다. 그런 면에서 정치학은 그런 사람들을 대변해주는 통로가 될 수 있는 데다, 불의를 보면 참지 못하고 반드시 해결해야만 직성이 풀리는 아이의 성향과 어우러져 아이를 법대의 길로 들어서게 한 게 아닐까 싶다.

연세대를 다니며 아이는 다양한 나라에서 온 많은 학생을 만날 기회가 생겼다. 지금까지도 그들 중 몇몇은 연락을 주고받고 있다고 한다. 요즘엔 한국에서도 미국 사람을 비롯해 중국이나 동남아시아 그리고 흑인에 이르기까지 다양한 인종과 다양한 국가에서 온 사람들을 정말 많이 보게 된다. 이는 여러 대학에서 앞장서 이들을 위한 교육프로그램을 만들고 보급한 결과가 아닐까? 그렇게 세계 곳곳의 사람들에게 자연스럽게 한국 문화를 접하게 해서 K-문화를 세계에 알리는 좋은 계기가 만들어지지 않았나 생각한다.

둘째의 한국 방문 두 번째 이유는 학교 공부를 하면서 한국 모델에 대해 배우고 싶어서였다. 한국에는 모델을 꿈꾸는 아이들이 많았다. 둘째는 강남에 있는 ○○모델 학원에 등록했다. 그곳에 소속된 아이들은 모두 고등학생이었다. 그곳은 모델만이 아니라 배우 그리고 가수를 하려는, 한마디로 연예계에 진출하려는 아이들에게 종합적인 훈련을 해주는 곳이었다. 모델을 위한 워킹 수업도 듣고 배우가 되기 위한 연기 수업도 받는데, 둘째는 한국 발음이 정확하지 않아 모두의 웃음을 자아내는 일이 많았다고 했다.

한국 사람이 말하면 정확한 발음인 것도 어설프게 한국말을 하는 영어권 사람이 말하면 욕처럼 들리는 경우도 생겼다. 예를 들어, 유명한 연예인인 제시가 '신발'이라고 말하면 괜히 욕하는 것처럼 들리고 '식빵'이나 '오빠' 같은 발음도 욕처럼 들려서 모두를 웃게 만든 대사가 되었다며 아이는 연기를 재미있어했다.

그러다 우리에게 행운이 다가왔다. 유명한 기획사는 아니었지만 둘째가 눈에 띄었나 보다. 그 당시 한국에 출장차 가 있던 남편과 자리를 함께한 기획사 간부는 사진작가까지 대동하고 둘째에게 아이돌을 제안해 왔다. 우리 아이를 보면 그냥 딱 연예인 느낌이 난다면서. 세 명으로 된 여자 그룹인데 이미 중국 아이 한 명과 러시아 아이 한 명 이렇게 두 명은 섭외가 끝났고 미국권에 있는 여자아이를 찾고 있었다고 했다. 그 간부는 우리 둘째가 그들이 찾고 있던 이미시라고 말했다.

이미 곡까지 받아 들고 온 상태였다. 하지만 이 그룹에 합류하려면 1년간 합숙 기간을 거쳐야 하고, 연예계 세계가 녹록지 않아 데뷔까지 2~3년이 걸릴 수도 있음을 예상해야 한다고 했다. 이 말은 학교는 잠시 보류하고 가족과 떨어져 한국에서 잘 모르는 또래들과 함께 합숙생활을 해야 한다는 것을 암시했다. 얼마나 오랜 기간이 될지 아무도 알 수 없는 막막한 길일 수도 있었다. 한국만 겨냥하는 그룹이 아니라 세계 무대를 겨냥한 그룹이었다. 기획사에서 모든 걸 지원하기 때문에, 체류 비용뿐만 아니라 일체의 비용은 걱정하지 않아도 된다고 했다.

본인만 결정하면 우리 부부는 적극적으로 밀어줄 용의가 있다고 정확히 인지시켰다. 아이돌을 하기에 늦은 나이일 수 있지만 열아홉 살이면 그래도 한번 해볼 만하다고 생각한 것이다. 다른 아이들은 이 길에 들어서려 아주 어릴 때부터 학교도 가지 못하고 연습생 생활을 한다고 들었다. 게다가 앨범 한번 내보지 못하고 주저앉는 경우도 많다고 들은 터였다. 우리는 둘째에게 이런 기회는 거저 굴러온 돌이다, 그냥 차버리기엔 너무 아까운 일이 될 수도 있다, 라고 말해주었다.

내가 정말 부러워하는 사람 중의 한 명을 꼽으라면 노래를 잘하는 사람이다. 우리 집에서는 둘째 아이가 노래를 잘해서 항상 가족의 부러움을 샀다. 게다가 춤도 잘 춘다. 춤이라면 둘째가라면 서러워

할 큰아이는 노래를 잘하는 동생을 나만큼이나 부러워했다. 한국에서 미국의 유명 엔터테인먼트가 캐스팅한다고 공지가 나오면 제일 먼저 동생에게 나가보라고 권하던 아이가 큰아이였다.

이번에도 큰아이는 마치 자신의 열망을 동생에게 투사하듯 아이돌 제안을 받아들이라고 적극적으로 권유했다. 자신이라면 백 번이고 천 번이고 당장에라도 계약서에 사인할 텐데 무슨 생각이 더 필요하냐며 심사숙고하는 동생을 이해할 수 없다고 답답해했다. 연세대에서 수업도 듣고 모델 학원도 다니며 연기도 노래도 연습하던 둘째는 그쪽 계열에서 일하고 있는 사람들의 말에 귀를 기울이며 진지하게 깊이 생각해보더니 드디어 결론을 냈다.

"엄마, 아무리 생각해봐도 이건 아닌 것 같아요. 내 젊음을 한국에서 가족과 떨어져 보내는 건 더욱 아닌 것 같아요. 1년간만이라고 한다면 고민을 안 하겠지만 연예계 시장이 장난이 아니에요. 친구들 말도 그렇고 한국에서 아이돌 그룹으로 성공한다는 건 힘든 일이래요. 전 그냥 미국에서 이 나이에 할 수 있는 대학공부 하고 모델 일 열심히 할래요…."

물론 한국말이 어눌한 아이가 이렇게 또렷이 자신의 의사를 밝힌 건 아니지만 사실에 근거한 이야기다. 큰아이는 많이 아쉬워하며 도저히 동생을 이해하지 못하겠다고 했다. 나 같으면 당장… 이라는 말로 아쉬움을 되풀이했다. 남편과 나는 아이의 의견을 충분히 이해했고 한편으론 내심 원하는 바이기도 했다. 물론 유명한 그룹이 될 수도 있는 일이지만 유명해진다고 꼭 덩달아 삶이 좋아지는 건 아니기 때문이다.

개인적인 생활을 포기해야 하는 비애뿐만 아니라 대학을 다니다 휴학하면 졸업하기가 어디에서나 쉽지 않다는 것을 우리는 잘 알고 있었다. 또한, 아이의 성격이 내향적이라 조심스러운 데다 혼자 생활하는 것도 불안했을 것이 분명하다. 낯선 사람과 이야기하는 걸 누구보다도 좋아하는 성향이라 외향적인 것 같지만, 반대로 파티나 사람들이 많은 장소를 극도로 싫어하는 경향도 있는 아이였다. 사람에게는 누구나 양면성이 존재한다는 걸 인정해야 할 상황이었다.

결정은 했지만 아이는 회사에 말하기가 어렵다며 내게 SOS를 쳤다. 한국말도 서툴지만, 어른에게 어떻게 자신의 의견을 정확히 전달해야 할지, 혹시 자신의 말 때문에 오해가 생길지 두렵다고 했다. 나는 미안한 마음으로 정중하게 아이의 의사를 전달했고, 회사에서는 꼭 필요한 자리에 꼭 필요한 사람이라며 계속 우리를 설득했다. 하지만 아이의 의사가 너무 단호하다, 부모인 나도 아이의 의견을 무시할 수 없다는 정중한 사과의 말로 사태를 일단락지었다.

미국으로 돌아온 아이는 모델의 꿈을 미국에서 펼쳐보기로 했다. 모델이나 연예인이라면 뉴욕이라는 인식이 있었기 때문인지 아이는 뉴욕의 유명 모델 학교의 단기간 합숙 훈련 프로그램에 등록했다. 유명한 모델들이 그곳에서 훈련을 받았고, 보스는 지금도 현역에서 모델로 활동하는 유명한 프로그램이었다. 아이가 합숙 훈련에 들어가면서 우리는 전화 통화 한번 하지 못했다. 그러다 프로그램의 마지막 무대에 서는 사진에 찍힌 아이는 너무도 다른 세계의 다른 모습이었다.

내성적이고 책만 읽던 아이. 우울해서 미칠 것만 같아 정신과 심리 상담을 받으며 곁에 있어 주는 강아지 없이는 아무 곳에도 가고 싶어 하지 않았던 아이. 그런데 그런 모습은 온데간데없고 아이는 카리스마와 자신감 넘치는 포즈로 카메라를 응시하고 있었다. 그런 아이의 눈빛을 보며 달라도 너무 달라진 아이의 모습에 우리 모두 놀라지 않을 수 없었다.

카메라가 돌면 무심히 서 있던 포즈가 달라지고 풀려 있던 눈빛이 살아났다. 마치 숨어있던 자신만의 끼가 카메라의 셔터가 눌리는 데 따라 순간적으로 살아 움직이는 듯했다. 카메라를 뚫어질 듯 쳐다보는 날카로운 눈빛, 세련되고 멋져서 다시 한번 뒤돌아보게 되는 무심한 듯한 표정, 눈을 감고 웃음을 크게 지어 보이는 맑은 얼굴. 너무도 멋진 내 딸의 모습이 거기에 있었다.

모델로서 지녀야 할 그런 자질을 분명 나만 알아본 건 아닐 것이다. 아이는 보스 바로 옆에서 보스 못지않은 표정과 포즈로 화면을 채웠다. 보스 또한 그런 아이에게 대성할 거라는 확신을 심어주었다고. 그길로 학교에 돌아간 아이는 피츠버그에 있는 모델 에이전시와 계약하고 본격적으로 미국에서의 활동을 시작했다. 학교에 다니며 모델 활동을 하는 한편 학교에서는 패션쇼장에서 런웨이를 걸었다.

그때도 코로나19는 진행되고 있었고 혼란의 시기도 계속되었다. 많은 학생이 학교 대신 집으로 돌아가거나 휴학의 길을 선택했다. 하지만 둘째는 집으로 돌아오지 않았다. 대신 기숙사에 남아 학교 수업을 줌으로 들으며 극소수의 모임을 통해 모델 활동을 이어 나갔다.

3학년을 마친 아이는 또다시 한국으로 날아갔다. 보그 잡지 촬영을 시작으로 한국에서의 모델 활동도 활기차게 이어졌다. 한국의 유명 모델 에이전시와 계약하고 여러 광고를 찍었다. 하지만 아이의 키가 문제가 되었다. 모델치고는 작은 키로, 아이의 키는 170cm가 조금 넘었다. 패션쇼장에 서는 런웨이 모델이 되려면 보통 176cm 이상은 되어야 한단다. 그래야지 15cm 정도의 하이힐을 신었을 때 최고로 멋진 모습을 보여줄 수 있다고 한다.

둘째는 키에서 좌절을 겪었다. 카메라 앞에서 당당하고 멋지게 보이는 포즈를 잡는 건 자신이 있지만 키는 어쩔 수 없는 일이었다. 에이전시는 방향을 바꾸자고 했다. 런웨이를 걷는 건 힘들지만, 광고 쪽은 키와 아무런 상관이 없으니 화장품이나 브랜드 광고에 도전해 보자고 했다. 때마침 자연미인을 선호하며 특이한 얼굴을 좋아했던 시기라 아이의 외모는 에이전시의 콘셉트와 딱 맞아떨어졌다.

K 드라마가 주가를 올리며 〈오징어 게임〉이 전 세계를 강타했고, 그 드라마에 나왔던 정호연 배우의 자연적인 얼굴을 모두가 동경하던 때였다. 마침 둘째의 얼굴이 정호연 배우와 비슷해 그 배우의 덕을 보게 되었다.

8

미국 국회에서
인턴을 하다

째는 대학 2학년부터 심리학을 전공했고, 부전공으로 철학과 정치학을 공부했다. 3학년부터는 미국 정치의 일번지 워싱턴 DC에 있는 캠퍼스로 옮겨 수업을 들으면서 국회에 소속된 기관에서 인턴을 병행했다. 이때 만났던 많은 정치인의 실생활을 직접 보고 들으며 아이는 당시 만난 친구들과 정치적 신념과 이념 등을 공유했다. 그때 만들어진 정치성을 띤 사회 그룹은 졸업 후까지 영향을 미치게 되었다.

졸업을 앞두고 둘째는 직장을 구하기 시작했다. 심리학과 철학, 정치학을 공부했기에 직업군은 넓었다. 그때도 지금처럼 직장을 구하는 게 어려웠던 이유는 코로나19 시기와 맞물려 직장인을 구하는 기업이 별로 없었기 때문이다. 정상적인 직장을 구하기가 어려울뿐더러 Non-profit이라 해서 가난한 사람들에게 무료로 일자리를 구해주거나 봉사단체를 연결해주는 회사 같은, 월급은 턱없이 적고 희생정신을 강조하는 그런 직장이 많았다. 아이는 성격대로 자신보다 가난한 사람이나 소수자에게 더 관심이 간다며 그런 회사가 많은 뉴욕의 어느 단체에 이력서를 넣었다. 그리고 일단 합격했다.

동시에 학기 중 워싱턴 DC에서 인턴을 했던 이력으로 인해 둘째 이름이 자동으로 정치기관 어딘가에 올라가게 되었다. 그리고 그 과정에 국회에서 일할 수 있는 인턴 자격이 주어지는 인터뷰 기회가 생겼다.

물론 서류 심사는 까다로웠다. 국회에 들어가기 위해서는 연방정부인 만큼 미국 시민권자라는 자격조건이 있었다. 크레딧_{credit} (신용) 심사 과정을 통과하려면 가족 모두가 미국 시민권자여야 된다. 그렇지 않으면 일단 자격이 안 된다. 또한, 태어난 나라에서 가족 모두가 적법했는지도 조사할뿐더러 부모에 관한 정보 또한 반드시 첨부해야 하는 자료였다. 어렵게 서류를 통과한 후에는 인터뷰가 진행되는데 아이는 3차 면접까지 거쳤다.

필기시험은 주어진 정치적 이슈에 대한 자신의 정치적 식견을 피력하는 에세이를 두 시간 안에 쓰는 것이었다. 한국에서 생각하는 국가고시 필기시험이 전혀 아니어서 우리는 조금 의아해했다. 마지막으로 나이가 조금 있어 보이는 인터뷰 심사관이 집까지 방문해서 한 시간 이상 인터뷰했다. 그 모습에서 우리는 정부로 들어가는 일이 만만치 않다는 걸 알았다. 딸은 임시직이지만 드디어 인턴 기회를 잡았다.

아이가 인턴으로 들어간 국회의 홍보실엔 여자만 여섯 명이 자리하고 있었다. 그런데 모두가 우리 아이처럼 인턴부터 시작해 그 자리에까지 올랐다는 말을 듣고 적잖이 놀랐다. 공석이 있을 때마다 좋은 사람 추천해달라는 식으로 정부의 인원을 보충한다는 말을 들었다. 시간과 때가 맞으면 정부의 일을 하게 되는 것이고, 그렇지 않으면 못 하는 것이다. 한마디로 낙하산? 그러면 공무원 전체가 낙하산이라는 말인데, 이게 정말일까? 답은 '그렇다'다.

한국의 국회는 국회의사당이라는 이름으로 여의도에 있고, 콩그레스Congress라고 하는 미국의 국회는 백악관과 멀지 않은 거리에 있다. 한국 국회에서 일하고자 하는 사람들은 피선거권이 있는 만 25세 성인으로 학력 경력 제한 없이 입성하게 되지만, 위에서도 말했듯이 미국은 엄격한 신분 조사를 거쳐 연줄의 힘으로 입성하게 된다. 둘째는 국회에서 상원의원 중 한 사람을 지원하는 임무를 맡았고, 매일 브리핑 자료를 검토하고 준비하는 일을 했다.

문제는 워싱턴 DC 거주 비용이 만만치 않다는 것이었다. 잠깐 살기 위한 곳인 만큼 집을 사거나 아파트를 장기임대하려니 어떠한 일이 생길지 장담할 수 없었다. 그래서 잘 아는 분의 집을 단기 임대하기로 결정했다. 행여나 거주지가 열악해서 인턴 일을 그만두면 어떻

게 하지 히는 염려에, 좋은 환경에서 직장을 다니기를 바라는 마음
에 다른 곳보다 쾌적하고 안전한 지역에 집을 마련했다.

백악관 근처라 주차장을 이용할 수 없는 만큼 자기 차를 가지고
다닐 수도 없었다. 지하철이 있긴 하지만 동선이 엇갈려 이용하기가
쉽지 않았다. 그래서 스쿠터로 출퇴근하는 방법을 생각해냈다. 한국
에서는 스쿠터를 편하게 빌려 이용할 수 있지만, 미국은 그런 방법
이 쉽지 않아 아예 스쿠터를 구매해주었다. 그런데 며칠 되지 않아
스쿠터를 타다 넘어졌다고 했다. 그 말에 가슴을 쓸어내리고 있는데
이번엔 며칠 타지도 못한 값비싼 스쿠터를 도난당하고 말았다. 경찰
에 신고했지만 찾을 수 없다는 말만 할 뿐 한국처럼 성심껏 도와주
는 경찰은 기대할 수 없었다. 대통령이 살고 거대한 국회와 정부 건
물들이 거리를 메우고 있는 워싱턴 DC지만 결코 치안이 좋다는 말
이 나오지 않는 환경이었다.

열심히 인턴 일을 해서인지 국회에서는 둘째를 정직원으로 채용
하겠다는 제의를 해왔다. 한국과 마찬가지로 미국도 임시직이 많은
나라다. 주 40시간이라는 기준 노동 시간을 넘기면 회사는 보험에
서부터 온갖 혜택을 고용인에게 제공해야 하는 의무가 있다. 그래서
아무리 큰 기업이라도 주 40시간을 넘기지 않게 일을 주려고 안간힘
을 쓴다. 39시간 미만이면 파트타임, 즉 임시직으로 고용해 다른 혜
택 없이 시급으로 돈을 지급하면 되기 때문이다. 그런 의미에서 볼
때 국회에서 풀타임_{Full Time} 정직원이 된다는 것은 어려운 일이다. 그

러니 정직원 제안을 받았다는 것은 아주 좋은 일이었다.

그럼에도 아이는 단 3개월을 다닌 후 더는 다니고 싶지 않다고 말했다. 나중에 로스쿨에 입학할 때 추천서에 상원의원의 편지가 들어간 게 결정적인 한방이 되었을 정도로 3개월 동안 윗사람들에게 신임을 받았는데도 그만두다니…. 대신 둘째는 2년 정도 자기가 진짜 하고 싶은 모델 일을 한 후 자신의 진로를 결정하겠다고 선언했다.

국회에서 일하면서 로스쿨을 다니는 사람도 있다고 하고 정부의 자리는 철밥통으로 아무나 차지할 수 없는 직장이다. 그런데다 한번 들어가면 절대 그만두게 되지 않는, 한마디로 꿈의 직장이다. 그런 직장을 스스로 걷어차고 실패의 가능성도 있는, 앞이 뿌연 모델의 길을 가겠다고 하니 우리는 기함할 노릇이었다. 대학은 졸업했고 직업은 없고 언제 어떻게 될지 아무도 예측할 수 없는 모델의 길에 들어선 둘째의 앞날은 그저 막막하기만 했다.

아무리 좋은 자리도 자기가 싫으면 할 수 없는 노릇이다. 내 속마음은 감춘 채 나는 아이의 의견을 존중해주어야 했다. 내가 항상 철칙으로 삼은, 만 십팔 세 이상이면 성인이니 부모의 품을 떠나 자유롭게 자신의 미래를 개척하도록 간섭하지 말아야 한다는 것, 그에 합당한 책임 또한 그들의 몫이라는 것을 항상 주지시키고 있었던 터라 더는 아이의 의견에 반대할 명분이 없었다. 그렇게 둘째는 3개월간의 화려하고 멋진 커리어우먼을 뒤로하고 포트폴리오를 들고 모델 에이전시를 찾아 헤매는 거리의 뉴욕커가 되었다.

9
-
뉴욕에서
모델을 꿈꾸다

한국에서 미국을 생각할 때 누구나 떠올리는 장면 하나가 있을 것이다. 선글라스를 낀 멋진 여자가 한 손에 스타벅스 커피를 들고 웃으며 뉴욕의 거리를 걷는 당찬 모습 말이다. 그만큼 미국 하면 뉴욕이 성공의 도시이고 멋진 여자가 많이 활보할 것 같은 곳일 테다. 우리 딸 또한 원대한 꿈을 품고 뉴욕에 있는 모델 에이전시를 찾아 나서게 되었다.

그러곤 얼마 되지 않아 한 모델 에이전시와 계약하게 되었고, 아이는 본격적으로 모델 세계에 들어섰다. 머무는 곳으론 메릴랜드 집을 정했고, 일이 있을 때마다 뉴욕으로 가서 일하고 다시 집으로 돌아

오는 방식을 택했다. 기차로 4시간 거리라 아주 먼 거리는 아니라고
판단했다.

처음에는 아주 작은 일이라도 감사하게 임했다. 무료로 모델을 서
주는 일도 다반사였다. 그러면서 모델계 일을 잘하는 친구들과 모여
서로의 포트폴리오를 만들어나갔다. 모델 일을 시작하게 되면 자신
의 의사와는 상관없이 기획자가 원하는 포즈만 취해야 한다. 그리고
정작 자신의 모습이 어떻게 나오는지 사진을 볼 수 없어 기계처럼
일하게 된다고 한다. 그래서인지 둘째는 모델인 자신과 메이크업하
는 친구, 의상 담당 친구 그리고 사진을 찍는 사람들이 합의해 서로
의 개성에 맞추어 행동한 것, 찍은 사진을 확인하면서 자신의 개성
을 찾아갔던 게 가장 즐거웠다는 말을 지금도 한다.

키가 작아서 런웨이에 서는 건 매번 탈락의 고배를 마셔야 했다.
미국 아이들의 키를 어찌 당하랴, 싶은 심정이었다. 대신 살짝 특이
한 동양인 마스크를 소유한지라 광고나 잡지 모델로는 적합했나 보
다. 아이는 의류 광고를 시작으로 시계나 선글라스 같은 소품에 이
르기까지 아주 다양한 상품 모델을 꿰차게 되었다. 그러면서 조금씩
아이의 얼굴이 알려지기 시작했다.

아이는 주로 미국에서 활동했는데, 얼굴이 알려지면서 모델료도
따라 올라갔다. 화장품 모델의 경우 하루나 이틀을 촬영하고 적게는
천 달러에서 많게는 4, 5천 달러를 받기도 했다. 6개월이나 1년 단위
로 계약하는데, 만약 광고주가 더 연장하고 싶다고 하면 모델 사진

사용료를 더 내야 한다.

한번은 둘째가 상기된 목소리로 전화를 걸어왔다. 감정의 변화가 크게 없는 아이임을 고려하면 좋은 일이 있는 게 분명했다. 아이는 자기 얼굴이 브루클린 거리를 도배했다고 말했다. 한 시계 광고였는데, 아이는 한쪽 손을 올리며 시계를 보는 광고사진이 브루클린 거리 벽마다 크게 붙어있는 사진을 보내왔다. 한마디로 한국의 선거 벽보판 같은 그런 것이었다. 모델인 우리 아이의 사진이 이렇게 크게, 그것도 뉴욕 한복판 거리를 가득 메웠다는 사실에 나 또한 가슴이 벅차올랐다.

그러다 아디다스 운동복 광고 모델을 하게 되었는데, 그런 촬영은 주로 서부에서 진행되었다. 비행기 표에서부터 식사나 호텔비까지 전액을 지원받고 모델료도 꽤 많이 받았다. 한 번 큰 궤도에 올라서니 모델료가 그 아래로는 내려가지 않는 것 같았다. 유명한 배우가 회당 받는 액수가 정해져 있듯이 모델료도 비슷하다고 보면 된다. 아디다스 모델을 계기로 나이키 모델도 꿰찼고 모델료도 크게 올랐다.

그러다 모델의 꽃이라고 불리는 화장품 모델 건이 들어왔다. 전에도 한 적이 있었는데, 그리 유명한 화장품이 아니어서인지 세포라(한국의 올리브영 같은 곳)에 잠시 사진이 걸리곤 말았었다. 그런데 이번엔 세포라 제일 앞자리에 사진이 걸리는 행운을 잡았다. 우리 집 근처에도 세포라가 있어 들러 기념사진을 찍으며 직원에게 저 사진 모델이 내 딸이라고 자랑하면서 웃었던 일도 있다. 자기의 일을 찾고 그 일에 최선을 다하는 모습에서 나는 우리 아이들의 미래를 보았다. 우리 집안에는 모델이라는 직업을 가진 사람이 단 한 명도 없었다. 그렇다고 아이가 신체적으로 모델을 할 수밖에 없는 조건을 가진 것도 아니었다. 단지 자기가 하고 싶은 일을 계속해서 찾고 가족과 대화하며 설득하고 또 그 결정을 지지하는 가족 간의 상호작용 그리고 서로에 대한 믿음이 있어서 성공한 게 아니었을까? 그러지 않았다면 결코 그 길을 가지도, 즐겁게 일할 수도 없었을 것이다.

둘째는 우리의 약속을 행여 잊지나 않을까 싶을 정도로 모델로 급부상하고 있었다. 그럼에도 모델이라고 하면 마치 공부 실력이 떨어져 그 길에 들어섰나 하는 편견을 깨려는 것처럼 둘째는 변호사가 되겠다는 약속을 지키려고 노력했다. 부모가 자신을 믿고 지지해 주었던 만큼 자기도 그에 따른 약속을 지키려고 한 부분이 컸을 것이라 믿는다. 그러다 이제는 그만두어야겠다는 생각이 들었는지 법대에 들어가는 관문인 LSAT 시험 준비를 시작하겠다고 말했다. 그렇다고 모델 일을 완전히 그만두겠다는 것은 아니었다. 이제는 정말 중요한 모델 일이 있을 때만 시간을 할애하겠다고 자신의 뜻을 밝히며 에이전시에도 그렇게 통보했다.

정상의 자리에서 스스로 걸어 내려온다는 것은 그만큼 자신의 위치에 만족했다는 것이고 앞으로도 자신의 일에 충분한 자신감이 있을 때 결정할 수 있는 행동이라고 생각한다. 그것이 돈이든 명예든 미래든 내가 쥐고 있는 것을 포기가 아닌 스스로의 결정으로 내려놓

기란 쉬운 일이 아니다. 그런 의미에서 난 내 딸이지만 멋진 생각을 가지고 있고 자신의 일에 최선을 다할뿐더러 자신의 미래에 대해 성숙하게 고찰하고 있다고 말해주고 싶었다.

10
-
로스쿨에
도전하다

모델 일을 하겠다는 2년의 시한부 기간 중 1년이 지나갈 무렵 둘째는 변호사의 꿈을 다시 언급했다. 모델이 된 지 1년이 지나가는 동안 화장품 광고 모델, 나이키와 아디다스 같은 유명 브랜드 광고 모델 등 나름 자신의 목표를 이루었다고 생각한 듯했다. 다만 모델 일을 완전히 그만두지는 않겠다고 했다. 엄마처럼 나이가 들고 할머니가 되어도 모델 일을 할 수 있겠다고 판단했단다. 젊은 나이에 할 수 있는 경험들은 이것으로 충분하니, 이제는 로스쿨을 가기 위해 노력하겠다면서.

먼저 아이는 LSAT(로스쿨을 가는 데 필요한 SAT) 점수를 잘 받는 데 필요한 조건을 열심히 조사했다. 그러더니 180점 만점에 적어도 170점 이상은 받아야 하고 랭킹 14위에 드는 로스쿨에 가려면 172점 이상은 되어야 할 것 같다고 했다. 한국에서도 좋은 로스쿨에 가려면 높은 점수를 받아야 하는 것과 같다. 미국엔 톱 14위 안에 드는 학교를 나와야 그래도 이름있는 로펌에 들어갈 수 있다는 인식이 있다.

미국은 한국보다 변호사가 되기 쉽다. 적어도 의사보다는 쉽다. 왜냐하면 의사가 되려면 대학 졸업 후에도 의대를 거쳐 인턴, 레지던트까지 거의 10여 년이 걸리는 반면, 로스쿨은 단 3년 만에 결론이 나기 때문이다. 그리고 로스쿨이 지역마다 많아 누구나 도전할 기회 또한 많기 때문일 것이다. 대신 좋은 로스쿨을 나와야 그만큼 대우받을 수 있다. 요즘엔 한국에서 대학을 나온 후 미국 로스쿨에 도전해 변호사가 되는 사람들도 많다.

둘째는 불변의 1, 2위를 차지하는 예일대와 스탠퍼드, 3위의 시카고, 4위의 하버드, 버지니아대UVA 등 톱 14위 안에 드는 학교를 목표로 공부를 시작했다. 대학이나 대학원에서 학생을 선발할 때 제일 중요하게 생각하는 것 역시 학교 성적이다. 즉, GPA 점수다. 이것을 미리 알고 일부러 좋은 대학에 가지 않고 자신의 성적보다 낮은 대학에 들어가 높은 학점을 받음으로써 좋은 대학원에 들어가고자 하는 학생들도 있다. 학부가 높은 순위인지 어떤지는 상관하지 않고 오로지 GPA만 중요하게 보는 대학원이 많기 때문이다.

앞서 말했듯이 둘째는 이과에서 문과로 바꾸었다. 그 과정에서 1학년 때의 점수를 많이 잃었고, 그것을 만회하려고 2학년부터 졸업 때까지 무던히 애썼다. 그래서 그나마 평점 3.7을 유지할 수 있었다. 하지만 좋은 로스쿨을 가려면 적어도 평점 3.8은 넘어야 안심이었다. GPA가 낮은 편인 만큼 무엇보다 LSAT 점수가 중요했다. 아이는 혼자 기출문제를 매일 풀었다. 3개월 정도 거의 매일 10시간씩 엉덩이에 땀띠가 나도록 열심히 공부하고 첫 번째 시험에 응했다.

성격적으로 시험에 대한 강박관념이 있는 아이는 시험 때 지나치게 긴장하는 사람 중의 한 명이다. 운전면허 시험을 볼 때도 사시나무 떨듯 떨어서 핸들을 잡아보지도 못하고 떨어진 적이 있었다. 시험 감독관 할아버지가 아이가 주행 시험을 끝내고 나오는데 화가 난 모습으로 내게 왔다. 그러곤 제일 하위 점수를 받아 합격하긴 했는데 반드시 더 연습을 시켜야 한다, 아마도 너무 떨어서 운전할 수 없을 거다, 라며 쯧쯧 혀를 찼다. 엄마인 나를 측은하게 바라보면서.

그렇게 시험을 앞두고는 긴장감이 최고조에 달하는 성격의 소유자가 어떻게 모델 일을 할 때는 카메라 앞에서 그런 눈빛을 할 수 있었는지 알 수가 없다. 좋아하는 일을 찾기가 어려워서 그렇지, 일단 좋아하는 일을 마주하면 자신감뿐만 아니라 당당함이 저절로 배어 나오나 보다. 그러니 자신의 인생에서 좋아하는 일을 찾아내는 것만으로도 축복받는 셈이다.

첫 번째 시험 결과는 참혹했다. 공부를 전혀 하지 않고 보았던 시험 점수와 똑같은 점수가 나왔다며 아이는 실망을 금치 못했다. 나는 너무 긴장한 탓이라며 아이의 불안감을 잠재워주고 다시 도전하게 했다. 두 번째 시험은 아이 자신이 생각했던 이상의 점수를 받았다. 목표가 173점이었는데 174점을 받았고, 더는 시험을 보지 않아도 될만한 점수였다. 그때부터 우리는 코디네이터를 찾았다.

두 아이를 대학에 보낼 때도 의대에 보낼 때도 코디라는 개념을 몰랐던 게 사실이다. 하지만 막내를 대학에 보내면서 알게 된 입시 코디네이터는 우리가 생각하는 이상의 결과를 내주었다. 우리는 미국 대학에 대해 잘 모르는 게 사실이다. 미국에서 대학을 다녀본 경험도 없을뿐더러 미국에서 살고 생활하는 건 맞지만 미국 사회에 깊숙이 들어가 본 적이 없는, 그야말로 수박 겉핥기식으로 미국 속 한국 사회에서만 살고 있기 때문이다.

우리끼리 살면서 우리 음식을 먹고 우리 문화를 이어 나가고 있다가 대학이라는 관문을 우리끼리 통과하며 나름 잘하고 있다고 생각했다. 하지만 실상은 그렇지 않았다. 즉, 그런 생각이나 행동거지는 우리끼리의 리그에서만 통하는 것으로, 미국 사회와 더불어 다민족 문화를 이해하지 못한 처신이었다. 우리는 그런 사회를 이해하기에는 그들과의 연결 고리가 너무 낮다는 사실을 인지하지 못했다.

아이를 의대에 보낼 때도 그랬지만 로스쿨에 대한 정보도 우리에겐 전혀 없었다. 그런 만큼 이번엔 코디를 찾아 정보를 충분히 얻고 도전하는 게 실패 확률이 낮으리라 판단했다. 코디네이터 비용은 천차만별이었다. 일단 가격을 떠나서 경험을 가장 중요시했고, 그다음은 얼마나 많은 학생이 이 코디를 통해 학교에 잘 들어갔는지를 염두에 두면서 찾았다. 우리는 가장 비싼 가격은 아니었지만 경력이 20년쯤 되고 꽤 많은 학생을 좋은 로스쿨에 보낸, 경험이 풍부한 코디를 선택했다.

코디는 GPA가 낮은 것은 맞다고 했다. 하지만 LSAT 점수가 높은 편이라 자기의 경험에 비추어볼 때 톱 14에 들어갈 기회가 있다. 나아가 에세이 점수만 잘 나와준다면 그 이상의 학교도 갈 수 있겠다며 우리에게 희망을 불어넣어 주었다. 우리는 총 스무 개 학교에 지원하겠다는 목표를 세우고 차근차근 원서를 정리해 나갔다. 코디는 학교마다 다른 지원 날짜, 학교마다 다르게 원하는 서류들, 우리 아이가 어떤 학교에 더 강한지 덜 강한지까지도 조언해주었다.

보통은 학부를 졸업하고 학사를 딸 때의 점수가 제일 중요하지만, 졸업한 다음 무엇을 하고 어떤 경험을 했는지가 두 번째로 중요하다. 그 경력을 보고 그 사람을 판단하기 때문이다. 그래서 미국에는 재수라는 개념이 있을 수 없는 것이, 다시 도전할 때까지 사회 경험을 쌓지 않고 오로지 공부만 했다는 데는 흥미를 보이지 않기 때문이다. 어떤 학교든 대학 졸업 후의 기간에 자신을 위해 어떤 직장을 다니며 어떻게 사회생활을 했느냐에 중점을 둔다.

대학에 들어갈 때도 마찬가지다. 한국에서는 재수나 삼수가 자연스러운 일이다. 반면 미국은 일단 어느 학교에든 들어가서 공부하다가 대학이나 전공을 바꾸는 방식이 보편화해 있다. 점수가 그 사람의 성실함을 나타내주는 것이라면, 무슨 일을 했는지는 그 사람이 가지고 있는 흥미와 사회성 그리고 성격을 확실하게 나타내주기 때문이다. 로스쿨에 원서를 넣는 평균 연령이 스물여섯 살이라고 하니, 군대 개념이 없는 미국에서는 대학 졸업 후 약 4, 5년 동안 쌓은 사회 경력이 합격에 중요하게 작용한다고 봐야 한다.

그렇게 볼 때 모델이라는 직업은 법대와 인과관계가 전혀 없는 셈이었다. 이 벽을 어떻게 깨느냐가 관건이었다. 그런데 코디는 모델이라는 직업은 굉장히 희소성이 있는 직업군이다, 법대 지원에는 오히려 더 특이한 경력으로 여겨질 수 있다고 설명했다. 미국이 특이함을 좋아하는 사회라는 점은 분명히 알고 있지만, 모델과 변호사는 사회 통념상 극과 극의 직업이 아닌가. 안전하고 철저함을 추구하는 법대에서 화려함과 창의성을 중요시하는, 변호사와는 상반된 직업인 모델을 과연 어떻게 봐줄지 의문이었다. 그야말로 모 아니면 도로 복불복인 상황이었다.

그래도 아이에게는 정치학을 부전공하고, 3학년 때 워싱턴 DC의 정치계 조직에서 인턴을 한 경험도 있었다. 우리는 가장 중요한 이슈로 짧은 기간이지만 국회에서 3개월간 인턴 생활을 한 경험을 부각하고 나섰다. 이때 아이의 상사였던 상원의원 보좌관의 추천서가 큰 역할을 하지 않았나, 생각한다. 임시직으로 있다가 정직원을 시켜준다는데도 박차고 나왔기 때문에 추천서를 부탁하는 일은 쉽지 않았다. 추천서는 그냥 간단한 편지 한 장이 아니다. 부탁한 사람에 대한 여러 가지 질문에 일일이 답해야 하고 왜 추천하는지에 대한 에세이를 써야 한다. 그러한 추천서를 부탁한 사람은 내용을 전혀 알지 못한 상태에서 제출되는 것이라 추천인에 대해 잘 알지 못하면 오히려 독이 되는 수도 있다. 그러니 정말 믿을 만하고 확실하게 밀어줄 수 있는 사람에게 추천서를 받는 게 중요하다.

11
-
로스쿨 순위 4위
UVA에 입학

아 이는 열아홉 개의 로스쿨에 원서를 냈다. 톱 14위에 드는 학교는 물론이고 안전권에 있는 근처의 학교까지 할 수 있는 최선을 다해 원서를 넣고 결과를 기다렸다. 물론 공부한 3~4개월을 빼고는 모델 에이전시가 부르는 대로 뉴욕에서 모델 일은 계속했다. 이때 모델 일은 둘째에게 청량제 같은 역할을 해주었다. 원서를 쓰면서 스트레스가 쌓일 즈음 모델 일을 하면 희열이 느껴진다고 했다.

모델은 다른 직업과 달리 매일매일 똑같은 일을 하는 게 아니다. 그때그때 다른 팀과 다른 콘셉트로 일하다 보니 지루할 틈도 없고 매일 다른 사람과 교류하며 매일 새로운 일을 하는 것 같은 느낌이라고 했다. 시간의 구애를 받지도 않는데 논을 적게 버는 것도 아니었다. 시간당으로 치면 다른 직업군보다 훨씬 보수가 좋은 일이라 일의 만족도로 볼 때 모델만한 직업이 없다고 본다.

예상외로 로스쿨 지원 과정은 빠르게 진행되었다. 로스쿨은 기본적으로 롤링이라는 제도를 사용한다. 우리는 보통 똑같은 날에 시험을 보고 똑같은 시기에 원서를 넣고 똑같은 날에 결과가 나오는 순서를 밟는다. 그런데 롤링은 원서를 넣는 순서대로 합격을 시키는 시스템이다. 즉, 빨리 원서를 넣으면 합격이 빨리 되고 늦게 넣으면 그만큼 합격이 늦게 된다는 말이다. 이게 일찍 원서를 넣은 좋은 학생이 있다고 칠 때 다음에 더 좋은 학생이 올지도 모른다는 부담감으로 쉽사리 합격을 못 시키다가 다른 학교에 좋은 학생을 빼앗길 수도 있어 쉽게 불합격으로 처리하지도 못하는 굉장히 어려운 시스템이다.

물론 아주 뛰어난 학생은 당장 합격을 시키겠지만, 고만고만하면 대부분 합격은 아니지만 기다려달라는 준합격 통보를 보낸다. 학교와 전혀 맞지 않는 학생은 당연히 불합격을 시키지만 말이다. 그래서 합격 전에 하는 인터뷰가 참 중요하다. 이 인터뷰를 어떻게 얼마나 잘하느냐가 관건인 학교가 많다. 인터뷰 기회를 주는 것으로 거의 합격하는 셈인 학교가 있는가 하면, 누구든 가리지 않고 꼭 먼저 인터뷰를 하는 학교도 있다. 또한, 개인이 아닌 그룹으로 인터뷰하면서 학생을 관찰하는 학교도 있다.

둘째는 인터뷰에 강한 편이었다. 특히 카메라에 익숙한 모델이어

선지 어떠한 표정으로 어떻게 해야 자신이 잘 표현된다는 것도 알고 있는 듯했다. 인터뷰만 했다 하면 인터뷰하는 사람에게 좋은 인상을 남기는 것 같았다. 의대 인터뷰는 보통 1박 2일 동안 병원에서 직접 의사와 함께 환자를 보면서 학생의 태도를 관찰한다. 그뿐만 아니라 식사까지 같이하면서 생활 전반적인 모습을 보는 등 긴 시간을 할애해 인터뷰한다. 그래서 인터뷰 비용이 많이 든다. 비행기를 타고 가서 호텔을 잡고 정장도 사야 한다. 그래서인지 인터뷰 비용을 따로 지급하는 학교도 있다.

의대와는 다르게 로스쿨 인터뷰는 훨씬 간단하고 쉬웠다. 대부분 줌으로 인터뷰를 하는데, 원서를 넣으면 무조건 인터뷰하는 학교도 있다. 그럴 때는 어떤 시간 안에 이미 만들어진 인터뷰 내용을 가지고 자기 혼자 인터뷰하기도 했다. 이렇게 각양각색의 인터뷰에 참여하게 되는데, 한 번에 1시간 정도 소요되었고, 한 번이 아니라 두세 번 인터뷰하는 학교도 있었다.

아이비리그 대학 중의 하나인 코넬대 로스쿨에서 빠르게 합격 통보를 받았다. 코넬대는 순위 톱 14 중에서 14위 학교였고, 아이비리그 대학 중의 하나여서 우리 가족은 뛸 듯이 기뻐했다. 그 뒤로 디퍼된 학교도 있었고 불합격된 학교도 있었다. 그중에서 가장 순위가 좋은 버지니아대학UVA에서 합격되었다는 통보를 받았다. 솔직히 순위 4위까지는 기대하지도 못했다. 4위 정도면 성적은 모두가 최상위일 것이고 이력도 훌륭할 것이었다. 그런 아이들이 응시했을 텐데 우리 아이가 합격했다는 건 아마도 모델이라는 특이한 이력과 자신감 있는 인터뷰 그리고 확실한 추천서 때문으로 여겨졌다. 우리의 관심은 일단 코넬대와 버지니아대학 두 학교로 압축되었다.

가장 중요하게 치는 건 로스쿨 순위다. 앞에서도 말했지만, 미국은 톱 14 로스쿨 안에 들어가는 학교를 졸업해야 좋은 로펌에 들어가거나 좋은 정부 자리에서 일할 기회가 생긴다. 우리는 이민자로서 이미 마이너이기 때문에 좋은 기회를 잡기 위해서는 순위가 높은 학교를 졸업하는 게 좋다. 그럴수록 졸업 후 좋은 일자리를 잡을 수 있기 때문이다. 하지만 순위는 고정된 것이 아니라 매년 바뀌는 것이라서 솔직히 어떤 로스쿨이 우리 아이에게 유리할지 아무도 모르는 일이었다.

코넬대와 버지니아대학에서 서로 장학금을 주겠다며 경쟁이 붙었다. 이제 열쇠는 우리 손으로 넘어왔다. 조금 더 장학금을 많이 주는 학교를 선택해야 할뿐더러 학교 순위도 크게 고려해야 했다. 코넬대는 아이비리그 대학 중의 하나이고 전반적인 학과 순위는 버지니아대보다 높다. 로스쿨만 버지니아대의 순위가 높은데, 그 이유는 버지니아대 로스쿨이 법조계에 큰 인물을 많이 배출했기 때문이다. 특히 워싱턴 DC와 가까워 졸업 후 정계로 진출하는 비율이 80% 이상이라는 점이 가장 매력적이었다. 또 고려할 건 3년 동안 다녀야 하는 점, 학생들과의 경쟁에서 좋은 점수를 받아야 하는 점과 학생 수였다. 특히 강아지와 생활해야 하는 만큼 반려견과 함께하는 삶을 보장하는지도 고려 대상이었다.

학교 분위기를 살펴보기 위해 우리는 다 함께 두 학교를 방문하기로 했다. 일단 코넬대는 아이가 좋아하는 뉴욕에 있고 주말에 모델 일을 할 수 있는 유리한 장소였다. 하지만 코넬대는 뉴욕 중심부에서 가장 먼 곳에 자리하고 있어서 맨해튼까지는 거의 3시간 거리였다. 아이가 모델 일을 하는 게 힘들다는 점이 걸렸다. 그리고 도심과는 거리가 먼 산속에 들어가 있어 추위를 극도로 싫어하고 우울증을 경험한 아이에게는 결코 좋은 장소가 아니었다.

두 번째로 버지니아대학은 코넬대보다 순위가 좋았다. 매해 순위가 바뀌는 바람에 우리가 선택해야 할 시기에는 8위였지만 입학하던 해에는 4위로 급부상했다. 장학금도 거의 50%로 비율이 높기도 했지만, 막상 학교에 가보니 환경이 코넬대와 비교가 되지 않았다. 버지니아대학은 도시와 밀접하게 연결되어 있고 도시 안에 조용히 자리 잡아 도심과 어우러지는 대학이었다. 코넬대처럼 사회와 동떨어진 느낌이 아니었다.

반려견과 함께 생활하기에도 좋았다. 학교와 집들이 가까이 있어 공부하다가 강아지를 산책시키고 싶으면 걸어서 돌아다니다 집으로 들어갈 수 있고 바로 공원에도 갈 수 있었다. 일단 위치가 마음에 들었다. 도심 속에 있어서인지 길도 평평하고 넓었다. 일반인과 학생이 뒤섞여 생활하는 점이 평범한 일상을 선호하는 둘째에게 딱 들어맞는 곳이라는 생각이 들었다. 다만 미국에서도 한국에서도 버지니아대 로스쿨에 대해 잘 알지 못한다는 점이 걸렸다. 우습지만 우리의 마음속에 사람들의 입에 오르내리는 좋은 학교에 보내고자 하는 열망이 숨어있음을 다시 한번 느끼지 않을 수 없었다.

그래서 로스쿨 순위는 낮지만 아무래도 한국 커뮤니티와 연결된 이미지 때문에 코넬대를 절대적으로 무시할 수는 없었다. 하지만 남편과 나의 고민과는 다르게 두 학교를 돌아보고 온 아이는 더는 고민하는 기색이 없었다. 순위도 좋고 장학금도 더 주고 반려견과 생활하기에도 만족스럽고, 더군다나 집과의 거리가 코넬대의 반밖에 안 되는 버지니아대 로스쿨로 정하는 데 망설임이 없었다.

빠르게 자신이 공부할 학교를 결정하고 곧바로 짐을 싸서 떠났다. 큰아이는 고등학교 졸업 후 한 번도 집에서 산 적이 없을 만큼 이미 독립적인 삶을 살고 있어 별걱정이 없었다. 하지만 둘째는 몸도 마음도 건강하지 못한 어린아이 같다는 느낌이 항상 있었다. 그런 아이가 살림을 꾸려 자기만의 공간으로 떠나는 모습이 못내 안쓰러웠다. 무엇보다 잘 견뎌낼 수 있을까, 싶은 염려가 가득했다. 하지만 아이의 다음 말 한마디에 우리의 시름은 한순간에 날아갔다.

"학기가 시작되기도 전에 교수님이 숙제를 많이 내줘서 엄청 바빠요. 근데 생각보다 공부가 재미있어요."

뭐든 재미있으면 그 누구보다도, 그 무엇보다도 강력한 힘을 발휘할 수 있다는 걸 우리는 오랜 경험으로 잘 알고 있었다.

딸아, 멋진 여성 변호사로서 한인 사회를 빛낼 수 있는 건강하고 현명한 법조인이 되길 바란다!

보호보다
신뢰를 선택해야 했던 막내

1
-
가장 늦게 왔지만,
가장 단단한 아이

　　와 남편은 동성동본이라 혼인 신고를 하지 못했다. 1년 정도
나　는 아이 없는 둘만의 신혼생활을 즐기자고 했던 말이 무색하
게 난 임신을 하고 말았다. 신념까진 아니더라도 뚜렷한 이유도 없
이 무작정 아들을 낳고 싶다는 마음에 산부인과에 갈 때마다 의사에
게 물어보았다.

　"혹시 성별을 알 수 있을까요?"

　나의 간절한 눈빛을 보면서도 의사는 "아니요, 알려 드릴 수 없습
니다"라고 단호히 대답했다. 그 당시는 남아선호사상이 짙어 임산
부에게 태아의 성별을 알려주면(혹시 여자아이면 낙태할 수도 있어서)

법적으로 의사가 혹독하게 처벌을 받던 때였다.

간절히 아들을 원하는 내 바람을 짓밟듯 간호사는 공주를 낳아서 축하한다고 했다. 그러면서 막 태어난 여자아기를 분만실에서 실신해 누워있는 내 코앞에 데려다주었다. 난 그저 슬며시 눈을 감았을 뿐이다.

딸을 낳았으니 아들 하나만 낳겠다는 계획은 무산되어 버렸고, 이윽고 둘째를 임신하게 되었다. 임신 7주 안에 입덧이 없어 계류유산이 되었던 두 번의 쓰라린 경험 때문에 제발 입덧하게 해달라는 기막힌 기도까지 했다. 드디어 커피 맛을 잃어버리는 입덧이 시작되었다. 첫째와는 완전히 다르게 느끼한 고기가 당기고 몸무게도 많이 늘었다.

첫아이 임신 때 당겼던 신 과일들은 입에 대기도 싫고, 평소 즐기지 않았던 기름진 고기 음식만을 찾아다니며 먹었다. 배의 모양도 첫아이와는 다르게 뒤태가 양옆으로 퍼져 앞 배만 볼록 나왔던 첫째와는 확연히 달랐다. 그래서 둘째는 아들일 거라고 확신했다. 그러나 둘째도 역시 딸이었다.

그렇게 낳은 두 딸아이와 함께 나는 미국으로 왔다. 두 딸과 미국에서 씩씩하게 살고 있었지만, 마음 한구석의 허전함은 채울 수 없었다. 그 이유를 뚜렷이 알고 있었던 나는 그 해결책을 알 수 없어 다 끝내지 못한 숙제가 남은 것처럼 마음이 몹시 불편했다. 겉은 단단해 보이지만 속은 텅 빈 강정 같았다. 그런데 사는 곳이 공기가 너무 좋은 미국의 시골이라 내 몸도 건강해진 탓일까? 나는 셋째를 가지게 되었다. 역시 이번에도 7주 안에 커피 맛을 잃으면서 입덧이 시작되었다. 이번에는 신 과일도 맛있고 느끼한 고기 음식도 맛나고 특히 달디단 초콜릿이 당겼다. 희한한 건 모든 아이의 임신 기간 내내 커피를 마시지 못했다는 건 일치했다.

나는 입에 달고 살 만큼 설탕이 듬뿍 들어간 커피를 좋아한다. 그런데 임신만 하면 커피 냄새가 고약해질뿐더러 아무리 설탕을 넣어도 내가 좋아하는 커피 맛이 나지 않았다. 한약처럼 쓸쓸하고 텁텁한 맛만 느껴졌다. 몸속에서 자동 반사적으로 커피 금지령이 내려지는 것은 아이를 지키려는 모성본능이 발동하는 거라고밖에 설명할 길이 없다.

여지없이 커피를 마시지 못하는 16주가 흐르고 드디어 모노그램으로 성별을 알 수 있는 임신주기가 되었다. 이미 호랑이가 나를 덮치는 태몽을 꾸었지만, 혹시나 하는 마음에 지인들에게 발설조차 하지 못했다. 그런 채로 미국 친구와 함께 산부인과 의사를 찾아갔다. 의사는 서서히 모노그램의 중요 부분에 이르더니 'Boy'라고 말했다.

그 순간 나와 노랑머리 친구는 어깨를 부여잡고 엉엉 소리내어 울었다. 나는 기대감에 황홀했고, 미국 지인들은 남아선호사상까지 들먹이며 아들이기를 바랐다는 내 설명을 듣고 함께 기뻐해주었다. 딸이면 어떠냐며 울고불고하는 나를 오히려 위로해주었던 시어머니는 전화를 받자마자 기뻐서 어쩔 줄 몰라 하셨다.

아들의 탄생으로 우리 가족은 그 누가 보아도 멋지게 균형 잡힌 다섯 명의 완전체가 되었다. 막내를 낳자 딸아이들은 통통하고 뽀얀 아기가 신기한지 사랑스럽게 만져보며 웃었다. 사실 딸들에게는 하지 못했던 탄생의 기쁨을 아들을 낳고서야 마음속으로 누리는 호사를 딸들에게 알릴 수는 없는 노릇이었다. 아마도 죽을 때까지 딸들에게 미안해하며 살 것 같다.

이렇게 나는 귀한 막내아들의 이야기를 시작하려 한다. 소심한 성격 때문에 받아야 했던 억울함 그리고 늦게 터진 예술적 재능으로 꿰찬 아이비리그 대학 입학까지, 자신만의 독특함으로 세상에 우뚝 선, 늦게 왔지만 가장 단단한 귀남이의 긴 성장 여정을 풀어내보려 한다.

2
-
만 네 살에 시작한
음악교육

우리 집의 귀하고도 귀한 막내는 미안하게도 착함까지 장착하고 태어났다. 제발 주말에 태어나 누나들 학교에도 지장 없고 아빠도 옆에 있을 수 있게 해달라고 빌었었다. 그러한 모두의 걱정을 안다는 듯이 예정일보다 딱 일주일 앞선 주말인 토요일 낮에 우리 막내는 세상에 나왔다.

두 아이를 키운 나름 베테랑 엄마의 돌봄을 받아서 그런지 막내는 아무 탈 없이 무럭무럭 잘 자라주었다. 정확히 10개월 만에 걸음마를 뗐고, 1년 만에 우유병을 뗐고, 딱 2년 만에 기저귀를 벗고 홀로 자전거를 탔다. 장난감을 제자리에 갖다 놓는 훈련도 잘 따라 해주었다. 그렇게 뭐든 시키면 곧잘 따라했다. 앉아 있을라치면 바닥을 닦거나 옷을 스스로 골라 입으려 하고 무엇이든 'I have an idea'라고 하며 뭐든 스스로 만들어보려고 해서 귀여움을 독차지했다.

예를 들어, 침대에 있다가 누가 노크하면 문을 열어주는 수고가 싫었는지, 침대에 누워 있어도 자동으로 문이 열리는 장치를 만들고 싶다고 했다. 그러면서 끈과 도구를 이용해 누나들이 똑똑 노크하면 열리는 신기한 자동문을 만들어 모두를 놀라게 했다. 뭐든 편리하게 만들려고 해 책상에는 거기에 필요한 온갖 스티커나 집게가 주렁주렁 매달려 있었다. 보기에 너저분해서 치우려 하면 절대 못 만지게 해 그 녀석의 책상은 항상 지저분한 상태였다.

내 음악적 철학에 맞춰 만 네 살이 되던 해에 막내를 피아노에 입문시켰다. 누나들처럼 그저 좋은 피아노 선생님만 만나면 잘할 줄 알았는데 큰 오산이었다. 선생님에게 자주 혼나기 시작하는 데다 연습까지 게을리해 가르치면서 답답해하는 선생님의 모습을 보기가 안타까웠다. 피아노를 너무 많이 치게 해 슬펐던 나의 어린 시절을 떠올리기 싫어서 모두 개인 선생님께 맡긴 것인데…. 내 아들이 내가 아닌 다른 사람에게 혼나는 모습을 보는 건 정말 가슴 아팠다. 남편이 혼내는 것도 싫은데 오죽했으랴.

선생님보다는 내가 가르치는 것이 낫겠지 싶어 직접 가르치기로 한 나의 결정이 크나큰 실수였음이 드러났다. 음의 자리를 가르칠 때 백 번을 반복해도 아이는 이해하지 못했고, 백 번이나 박자를 가르쳐도 알아듣지 못하는 시간이 계속되었다. 이는 수학과도 연관되는 박자 개념인 만큼 아이가 프리스쿨에 가서도 수학의 기본 개념을 이해하기 어렵겠다 싶었다.

미안한 말이지만 난 가끔 남편에게 이렇게 소곤대곤 했다.

"여보, 나 바보를 낳은 것 같아, 어떡하지?"

그러면 되돌아오는 남편의 답은 이랬다.

"에이 그럴 리가 있어? 아직 어려서 그래. 남자가 여자보다 좀 늦되는 편이야. 당신이 몰라서 그렇지."

남편도 분명 마음이 불안했을 텐데 나를 안심시키려고 일부러 그렇게 말하는 거려니 했다. 그래도 원팀인 우리 부부는 막내는 아들이라는 그 이름 하나만으로도 우리에게 기쁨을 준 아이다, 그러니 더 이상을 바라는 건 욕심이다, 그런 생각으로 서로를 위안하기로 무언의 합의를 했던 것 같다. 공부도 재능이고 아이디어가 많은 아이니 창조적인 무언가는 잘하지 않을까 싶었다.

피아노를 먼저 가르친 이유는 음의 자리를 보려면 일단 글자를 알아야 하고 음의 정확성을 익히는 데 필요한 감각과 촉각은 두뇌 회전에도 도움이 되기 때문이었다. 또한, 박자를 정확하게 세려면 수학적인 덧셈과 뺄셈의 기본 개념을 이해해야 한다. 여기에 손가락 운동은 어릴수록 두뇌 회전에 영향을 주는 만큼 음악을 접하는 건 어리면 어릴수록 좋다는 이유가 더해졌다. 그러는 만큼 음악은 이왕이면 조기에 시작하는 것이 늦게 접하는 아이들에 비해 훨씬 강점이 있는 교육이라 믿어 의심치 않았다.

나만의 교육 철학으로 서둘러 시킨 만 네 살 피아노 수업은 직접 가르친 만큼 더욱 쉽게 나를 지치게 했다. 피아노에 소질이 없는 게 확인된 만큼 이번에는 현악기에 도전하기로 했다. 위의 아이들이 바이올린을 선택했었으니, 아들은 덩치도 큰 만큼 소리도 바이올린보다 울림이 있는 첼로를 시켜보기로 했다. 만으로 일곱 살이 되어야 수업을 시작할 수 있다는 선생님 말씀에 우리는 아이가 일곱 살이 되기만을 기다렸다. 그러곤 나름 지역에서 유명한 선생님에게 수업을 받게했다.

과연 막내에게는 피아노보다 현악기가 더 잘 맞는 듯했다. 물론 악보를 보는 것도, 박자 개념도 위의 아이들에 비해 느린 편이긴 했지만, 묵직한 선생님의 교육 스타일이 자신과 맞았는지 흥미로워했다. 특이한 건 미국 선생님들은 아이들이 수업할 때 부모도 함께하기를 바란다는 것이다. 어떤 선생님은 아이들의 수업 장면을 부모가 직접 비디오로 찍어서 그때그때 아이들에게 보여주기를 원하기도 한다. 또 어떤 분은 아이 옆에 그냥 가만히 앉아 있기를 원하기도 한다. 밖에서 기다리기만 하는 부모는 살짝 무관심한 거로 치부하는 선생님이 많다. 그런 분들은 나처럼 자녀를 많이 둔 부모를 힘들어하기도한다.

한번은 내가 아이 옆에 앉아 있으려니 아이가 내 눈치를 보며 부담스러워하는 것 같았다. 그래서 밖에서 기다리겠다고 했더니 선생님은 그러면 아이의 정신이 해이해져서 좋지 않다고 했다. 그 선생님이 수업 시간에는 꼭 아이의 옆에 앉아 부족한 점이 무엇인지 점검해야 한다고 강조하셨다. 또 어떤 희한한 선생님은 아이가 수업에 늦게 오면 그 시간만큼 자신의 정원에서 풀을 뽑아야 한다는 원칙이 있다고 했다. 농담인가 했는데, 정말 그렇게 실행하는 것을 보고 예술가의 기질은 정말 남다르구나, 생각했던 적이 있다.

막내는 첼로를 일곱 살에 시작해서 열일곱 살까지 거의 10년가량을 쉬지 않고 켰다. 그러더니 누나들처럼 고등학교 때 동부지역의 올 스테이트 오케스트라All State Orchestra 단원이 되었다. 대학에서는 무엇이든 오랫동안 하는 걸 좋아한다고 하는 말을 여러 번 들었었다. 그래서 세 아이 모두 길게 음악을 시키긴 했지만 결국 전공은 하지 않았다. 대신 전공할 정도의 수준이 되어 지금도 스트레스를 받으면 각자 음악으로 풀곤 하니 다행이다. 나 역시 피아노를 전공하진 않았지만 혹독한 피아노 교육을 받고 자란지라 언제든지 아이들과 함께 연주할 수 있어 음악 가족이 된 것에 만족한다.

하지만 음악이 참 어려운 길임은 확실하다. 음악은 특히 동양 사람들끼리의 경쟁이 심한 편이다. 운동은 미국 사람들보다 체력 면에서 한계가 있는 만큼 동양인들에게는 적합하지 않다는 인식이 강하다. 그러다 보니 학교 오케스트라 단원 대부분이 동양인으로 채워진다. 미국인들은 가뭄에 콩나듯 아주 극소수에 불과하다. 특히 현악기 중심인 오케스트라에서 그런 현상이 현저히 나타난다. 타악기가 주류를 이루는 밴드부에는 오히려 미국인 아이들이 많다.

　더군다나 음악으로 상을 받는 것은 힘들다. 운동은 시합이 많아서 순위가 정해져 있고, 미술 또한 카운티나 주 그리고 내셔널 상이 많은 데 비해 음악은 그럴듯한 대회를 찾아보기 어렵다. 그래서 대학 원서를 쓸 때 중요한 수상 부문에서 다른 활동에 비해 이점이 약한 편이다. 음악은 오랫동안 공들여 연습해야만 오케스트라 단원에 뽑힐 수 있는 데다 비싼 레슨비와 값비싼 악기 구입비 등도 고려해야 한다. 즉, 시간과 비용이 많이 든다는 점을 한 번쯤 고민해봐야 할 것이다. 아이가 정말 음악에 소질과 흥미가 있는지를 잘 살펴보고, 이왕이면 좋은 선생님을 만나게 해주는 게 무엇보다도 중요한 일이다. 또한, 부모가 아이 연습과 수업에 함께 참여해 아이를 잘 관찰해야 한다. 그보다 더욱 중요한 건 훌륭한 뮤지션의 음악을 많이 보고 듣게 해 아이들의 음악적 성장에 도움을 주는 것이다.

3
-
아빠의 눈물겨운
운동 이야기

막내 이야기를 하면서 운동 이야기를 빼놓을 순 없다. 미국에서는 거의 모든 아이가 운동 하나쯤은 선택해서 할 정도로 운동에 관심이 많다. 한국에서는 운동에 그리 큰 비중을 두지 않지만, 미국은 공부나 음악보다는 운동을 잘하는 아이가 학교에서도 굉장히 인기가 좋다. 특히 고등학교쯤 되면 풋볼 선수의 인기는 하늘을 찌른다. 공부를 잘하는 아이나 전교 회장이 누구인지는 아무도 관심이 없지만, 풋볼이나 하키 같은 격렬한 운동에서 기량이 뛰어난 아이는 학교의 스타반열에 오른다. 누구나 부러워하는 대상이 되는 것이다.

여자 운동 중에도 필드하키 같은 종목은 인기가 좋고, 특히 치어리더를 선호하는 경향이 크다. 이런 운동은 격렬하기도 하고 단체 운동이라 아이들 개인뿐만 아니라 부모의 봉사가 필수다. 그런 만큼 바쁘게 일하는 부모나 언어가 다른 부모가 함께 참여하기란 여간 힘든 게 아니다. 시간상 여유로운 부모나 참여도가 높은 부모의 입김이 강해질 수밖에 없는 종목들이다.

따라서 한국 부모들은 개인 종목에 아이를 들이밀 수밖에 없다. 예를 들어, 음악을 하면서 할 수 있는 수영이나 골프, 양궁 같은 운동은 아시안이 할 수 있는 종합세트로 여겨진다. 음악은 다른 예술 활동에 비하면 창의적인 예술이 아니다. 그러므로 연습량이 실력과 비례해 무엇이든 열심히 하려는 문화를 가진 동양인에게 적합하다. 물론 개인적인 재능 없이는 그 무엇도 잘할 수 없다는 전제하에 말이다. 단체보다는 개인의 기량이 중요한 피겨나 골프, 양궁 같은 스포츠는 미국 사람이 섬세한 동양인을 따라올 수 없는 종목들이다.

아시안 아이인 막내 또한 수영과 골프를 하면서 어린 시절을 보냈다. 네 살쯤부터 운동을 시작했는데, 수영을 가장 처음 접했다. 총 열 번 30분씩 개인 수업을 받았는데, 정말 안타깝게도 열 번째에 신생님의 목을 잡고 물속으로 들어가는 데 성공했다. 얼마나 물을 무서워하고 운동 신경이 없었는지 알 것이다.

결국, 아이는 또 다른 운동에 도전했다. 근처에 한국 태권도장이 있어서 등록하러 갔는데, 아이가 도대체 태권도장 문을 열지 못하게 하는 것이었다. 그곳은 특이하게 유리문으로 되어있어 누구나 아이들이 훈련하는 모습을 볼 수 있었다. 막내는 아이들이 뛰면서 기합을 넣는 소리에 놀란 것이다.

아이는 내 치마꼬리를 붙잡고 영 들어갈 기색을 보이지 않았다. 할 수 없이 활발한 둘째를 살살 꼬였다. 그제야 열 살 된 누나의 손을 잡고 막내는 쭈뼛쭈뼛 함께 도장으로 들어갔다. 둘째 또한 운동 신경이 그리 발달한 아이가 아니라는 걸 안 게 그때쯤인데, 마른 체형이라 체조와 펜싱을 시켰지만 잘 따라 하지 못했다. 그래도 태권도는 신나게 기합을 넣으며 하는 운동이라 그런지 둘째가 곧잘 따라 했다. 막내도 그런 누나가 있어서인지 싫다는 소리 없이 2년 동안 태권도장에 다녔다.

아이들은 2년 동안 주 3회 태권도 도장을 다녔다. 거기엔 흰색 띠부터 차례대로 띠를 갱신하며 성장한 막내의 성실함이 있었고, 그런 아이를 성심껏 재미나게 그것도 미국에서 가르쳐준 선생님의 노고가 있었다. 지금도 띠를 딸 때마다 받은 트로피가 방 한가득 있다. 검은색 띠를 딸 때 도장에서 받은, 빛나는 두 개의 빨간색 검이 어린 시절 막내의 영광을 대신해주고 있다.

그다음으로 해본 운동은 플래그 풋볼이다. 이 운동은 서너 살 된 어린아이들이 풋볼이라는 운동에 처음으로 접하게 해보는 프로그램이다. 어린아이는 격렬하게 움직이지 못하기 때문에 깃발을 이용해 풋볼의 맛을 보여주는 약식 어린이 풋볼이라 할 수 있다. 이것 또한 막내가 내 치마꼬리를 붙잡고 필드로 들어가지 못했던 운동이다. 서너 살짜리 조그만 아이들은 아무 생각 없이 넓은 운동장을 뛰어다녔고, 부모의 뿌듯한 웃음이 필드를 가득 채우고 있었다. 하지만 우리 아이는 같은 또래 아이들의 집단에 들어가는 걸 겁내 했다. 그걸 보며 나는 결국 이민자의 아들로 태어난 막내가 미국 속 다른 집단에서 살아가야만 할 운명임을 느껴야 했다.

결국, 또 둘째에게 SOS를 쳤고 막내는 누나의 손을 잡고 필드로 들어가는 데 성공했다. 그러다 둘째가 빠진 네 번째 시간에야 아이들과 함께 뛰어노는 막내의 모습을 볼 수 있었다. 선생님도 그 모습이 기특했는지 마지막에 노력상 메달을 목에 걸어주었다. 그 메달을 들어 보이며 어색하게 울다가 웃는 막내의 모습이 사진에 박혀 그때의 추억을 생생히 떠오르게 한다.

그다음은 농구다. 미국 아이들은 왜 그리 키가 큰지, 우리 아이보다 머리 하나씩은 더 큰 또래 집단에서 아이는 기가 죽을 수밖에 없었다. 초등학교 1학년 때의 일이다. 그래도 학교에서는 인기가 있는 편인지 친구들의 생일 초대를 자주 받았다. 가장 친한 인도 친구가 있었는데, 집도 가까운 이웃이었고 부모님도 친절한 분들이었다.

아이와 함께 생일파티에 초대되어 파티 장소로 갔다. 그곳이 농구장이라는 건 알고 있었지만, 우리가 도착했을 때 아이들은 이미 함께 농구를 하며 놀고 있었다. 우리 아이를 적극적으로 농구장에 밀어 넣은 친구 엄마는 나를 보며 빙그레 웃었지만, 나와 막내는 얼굴이 홍당무가 되어버렸다.

같은 또래뿐만 아니라 자기보다 키가 큰 형들이 함께 농구 게임을 즐기고 있었다. 하지만 우리 아이는 그런 아이들과 부딪치며 노는 스타일이 아니었다. 아이는 그 자리에서 얼음이 되어버렸다. 아무것도 하지 못하고 그대로 서 있는 아이의 모습을 보며 나 또한 어찌해야 할지 몰랐다. 막내는 아이들이 보고 있는 와중에 내 옆으로 와 조용히 말했다.

"엄마 나가고 싶어요…."

나는 친구 엄마에게 정중히 사과하고 아이와 함께 그 자리를 빠져나왔다. 아니, 어른이랑 경기를 하라는 것도 아니고, 큰 시합을 하는 것도 아니고, 그저 친구들과 뛰어놀라고 하는 건데 그런 것도 못 하는 바보라고? 풋볼이나 태권도는 모르는 아이들 속에 들어가는 것이라 당황해서 그럴 수 있다 쳐도, 이번엔 친구의 생일파티에 초대되어 간 게 아닌가. 게다가 남자아이인데 왜 보통 아이들과 어울리지 못하는 걸까? 소수민족인 동양인이라 그런가? 괜히 미국에서 아이를 낳았나? 평범하게 한국에서 아이를 낳았으면 이런 일이 없었을 텐데…. 오만가지 생각이 머리를 스치며 나를 속상하게 했다.

모든 걸 고려한다 해도 생일파티 초대는 다른 차원의 문제다. 네 살도 아니고 1학년, 그것도 잘 아는 친구들이 여럿 모여 있고, 모르는 아이들이 겨우 두어 명 섞여 있을 뿐인데…, 얼굴이 벌게져서 집에 그냥 간다고 하니 얼마나 당황스러운 일인가. 그날을 계기로 나는 아이의 성격이 내성적이라는 걸 확실히 알게 되었다.

그래도 남편은 아이의 운동에 대한 미련을 버리지 못했다. 그때부터는 개인적으로 할 수 있는 운동을 찾았다. 바로 수영과 골프였다. 수영은 어릴 때 선생님 목을 잡고서야 물속에 들어가던 모습을 생각하면 웃음만 나오지만, 꾸준히 주말마다 다닌 결과 대회에 나가 접영으로 상을 받는 단계까지 갔다. 고등학교 때는 수영 조교로서 돈을 받는 알바를 할 정도로 성장했으니, 아이와 부모인 우리의 노력이 헛되지는 않았다.

아이가 골프를 하는 데도 눈물겨운 남편의 노력이 있었다. 집 근처에 골프장이 있어서 접근성이 좋기도 했다. 집중력이 강한 한국 사람들의 특성과 많은 연습량으로 인해 골프 하면 미국에서도 한국인의 위상이 높다. 더불어 골프 코칭도 많은 편이다. 수업료가 상당히 비싼데도 남편은 정말 한 주도 거르지 않고 아들에게 골프 수업을 받게 했다.

물론 대회도 나가보지 못하고 9학년 땐가 그만두었지만, 지금도 가족과 필드에 나가면 제일 잘 치니 그것으로 위안을 삼아야 할까? 어린 나이에 배운 운동이니 어른이 되어 동료와 함께 조인할 때 빛을 발하지 않을까? 그런 기대를 해보는 수밖에.

그래도 어릴 때 배워놓은 태권도, 수영 그리고 골프의 영향인지, 아이는 대학 진학 후 검도라는 운동에 푹 빠졌다. 그래서 배워서 남 안 준다는 말이 있나 보다. 나와 남편의 노력이 결국은 아이 스스로 자신에게 맞는 운동을 찾게 한 셈이다. 아이는 검도로 다른 대학과의 대회에 나갈 만큼 열심이다. 방학이 되면 집에 와서도 집 근처 검도장을 찾아 계속 운동한다. 그런 것을 보면 어릴 때 땀 흘리며 했던 운동 시간이 결코 헛되지 않았음을 느낀다. 포기하지 않고 꾸준히 노력하면 꼭 한길은 아니더라도 다른 길을 찾는 힘이 길러지는 모양이다.

나 또한 어릴 적 아버지로부터 하드 트레이닝을 받으며 매일 6시간씩 피아노를 쳤었다. 당시 나는 아빠가 선생님의 탈을 쓰고 매일 나를 지켜보고 있다고 생각했다. 그렇지 않다면 아빠가 딸인 나에게 이렇게 혹독하게 할 수 있나 싶었기 때문이다. 6시간 중 1시간이라도 피아노를 치지 않은 날에는 아빠의 따가운 시선과 훈육을 맛봐야 했다.

나에게 죽을 만큼 힘든 시기였던 그때를 지나 이제는 아빠가 부재한 지도 오래되었다. 그래도 용서할 수 없다는 마음이 크다. 하지만 그때의 지독한 나와의 싸움에서 길러진 지구력과 끈기 그리고 인내의 보상을 지금에서야 받는 듯하다. 어떤 일이든 그보다는 나을 듯싶게 지독히 인내하다 보면 희열 비슷한 감정이 올라오는 게 사실이다. 아마도 그런 지독한 참을성이 분명 내 아들에게도 깊이 뿌리내려졌으리라 믿는다.

4
-
미국의 중학교는
어떨까?

어릴 적부터 아들의 수학 개념이 약하다는 것은 이미 알고 있었다. 네 살부터 피아노를 시작했지만 박자 개념을 이해시키는 데 많은 시간이 걸렸다. 음표를 읽는 데도 오랜 시간이 걸려서 늦둥이라 좀 머리가 모자라나 의심이 들 정도였다. 누나들보다 학습 능력이 현저히 떨어졌다.

큰아이부터 시켜왔던 선행학습은 둘째에 이어 막내도 다르지 않았다. 둘째에게 책을 읽어주느라 저절로 태교가 되어서인지 막내는 영어로 말하고 쓰고 읽기는 조금 빠른 편이었다. 자기 전에 책을 읽어주어야만 잠을 자는 아이이긴 했지만, 그렇다고 책을 많이 읽는

편은 아니었다. 둘째가 책 읽기라면 빠꼼이라 비교되어 그럴 수도 있을 것이다. 하지만 책을 좋아하는 순서를 굳이 말하자면 둘째, 막내 그리고 큰아이 순이다. 책을 많이 읽어야만 머리가 좋아진다거나 글을 잘 쓴다거나 좋은 학교에 갈 수 있다는 말은 내 아이들의 경우에 비쳐 보았을 때 반드시 맞는 말은 아닌 것 같다.

다시 수학으로 돌아가 보자. 1, 2학년 때 미리 공부하는 습관을 들이느라 선행학습을 진행했지만, 막내의 성적은 나아지지 않았다. 여전히 수학을 어려워했고, 학교 수학 시간에 공부에 열심이기보다는 산만하게 아이들과 말을 많이 한다는 주의 카드를 받았다. 그래도 희한한 게 4학년 때부터 들어갈 수 있는 수학 GT반에는 아무 탈 없이 들어갔다. 중학교 시작 전에 들어가는 6학년 올ALL GT반에도 그 누구보다 무난하게 들어갔다.

다른 예로 영어 과목을 이야기해보자. 영어는 그야말로 한국의 국어 과목과 같다. 한국말을 잘한다고 국어점수가 좋은 건 아니듯 영어로 말을 잘한다고 영어점수가 좋게 나오는 건 아니다. 막내는 꾸준한 문제 풀이로 영어점수를 높였다. 여기에는 책 읽기가 많은 도움이 되었는데, 특히 집에서 읽기Reading, 문법Grammar 그리고 쓰기Writing를 골고루 선행 학습했던 것이 도움이 되었다.

하지만 수학은 달랐다. 학교나 집에서 선행으로 풀어보는 수학 공식이 수학시험에는 아무런 도움이 되지 못했다. 물론 그때그때 시험의 난이도나 어떤 시험을 보는지에 따라 점수가 달라졌지만 말이다.

위의 아이들은 수학문제집을 푸는 방식으로 GT 시험에 대비했는데, 막내 때는 달라졌다. CO GET이라는 시험을 봐야 했는데, 이것은 그야말로 그냥 공식을 외워 식에 대입해 문제를 푸는 방식이 아니었다. IQ 시험처럼 입체 도형을 이리저리 움직여서 어떠한 결과가 나오는지를 알아내는 방식이었다. 한마디로 공식을 적용해 문제를 푸는 게 아니라 한 차원 높은 입체 도형을 적용해 결과를 내야 했다. 그런 만큼 선행학습을 할 수 없는 시험이었다.

이러한 정보를 미리 입수한 나는 아이에게 CO GET 시험을 집에서 선행으로 치러 보게 했다. 그렇게 미리 연습을 하고 시험을 봐서인지 아이는 영어는 물론, 수학도 시험 때 당황하지 않고 좋은 점수를 받을 수 있었다. 영어시험 결과가 좋으면 자연히 영어와 사회가 포함되는 GT반에 들어가고, 수학 점수가 높으면 과학이 포함되는 GT반에 들어가게 된다. 두 과목 모두 높은 점수면 네 과목 영재반에 들어가게 되고, 한 과목만 높고 다른 하나가 높지 않으면 하나 혹은 두 GT반에 들어갈 수 있다. 두 과목의 시험 점수가 모두 정말 높으면 리더십이라는 이름의 반까지 더해 총 다섯 개 GT반에 들어갈 수 있다. 막내는 두 과목 모두 높은 점수를 받아 다섯 개 GT반에 들어갈 수 있는 행운을 잡았다.

그렇게 중학교 생활을 시작하던 어느 날, 막내가 이렇게 말했다.

"엄마, 이제야 처음으로 수학이 뭔지 알 것 같아요. 그전에는 왜 문제를 저렇게 푸는 건지 잘 몰랐는데, 이제야 이해되는 것 같아요."

자칫 포기할 수도 있었던 수학의 어려움을 극복한 날이 바로 막내가 그 말을 한 그날이었다. 만약 수학을 푸는 이전의 방식이 GT반에 들어갈 수 있는 통로였다면, 막내는 절대 GT반에 들지 못했을 것이다. 다행히 수학문제집을 푸는 방식이 아니라 머리를 순간적으로 회전시켜 입체화해 푸는 3차원적인 문제라서 그나마 GT반에 들어갈 수 있었다. 이 또한 그 녀석이 운이 좋아서 거머쥔 행운이었다.

이곳 메릴랜드주는 5학년까지가 초등학교고, 6학년부터 8학년까지가 중학교 그리고 9학년부터 12학년까지가 고등학교다. 6학년까지가 초등학교 그리고 7, 8학년이 중학교인 주도 있다. 하지만 고등학교는 보통 9학년부터 12학년까지 총 4년제다.

5학년을 마친 막내의 졸업식에 갔다. 하지만 둘째처럼 우리 아이가 없으면 학교가 안 돌아갈 것 같은 상황은 전혀 아니었다. 아주 조용히 학교를 다녀서인지 단지 오케스트라에서 첼로를 연주하는 모습만 볼 수 있을 뿐이었다. 그런데 전혀 기대하지 않았던 일이 일어났다. 막내가 대통령상(그 당시에는 트럼프)을 받은 것이다. 학교에서 몇 명밖에 주지 않고, 굉장히 영광스러운 상인데 우리 아이가 받았다.

막내가 특별히 학교에서 활동한 건 없지만 올 GT반에 들어간 것이 크게 작용한 듯하다. 특별한 이유를 말하며 상을 주면 좋으련만 그저 아이의 이름을 부르고 아이는 나가서 한 손으로 받은 상을 여느 아이들처럼 가방에 욱여넣었을 뿐이다. 남자아이들은 그런 행동을 쿨하다고 인식하나 보았다. 사춘기 소년의 행동으로 밖에 여겨지지 않은 그때의 그 상은 지금도 구겨진 채 액자에 끼어 남아 있다.

상 한가운데에 독수리 직인이 음각으로 찍혀 있고 훌륭한 아이라는 내용과 함께 상 아래에는 굵게 위아래로 빠르게 적은 트럼프 특유의 서명이 적혀 있었다. 작고 귀여운 금색 배지도 함께 받았다. 둘째 아이가 초등학교 졸업식 때 오바마 대통령상을, 그리고 중학교 졸업식 때 또 오바마 대통령상을 받았던 만큼 막내의 그것과 합해 우리 집에는 대통령상 세 개가 나란히 자리하게 되었다.

수학을 그렇게 싫어했던 아이가 행운으로 수학 포함, 다섯 개 GT 반에 모두 들어갔지만, 중학교에서 그리 두각을 나타낸 아이는 아니었다. 위의 두 아이를 키워 본 경험상 어디에도 쓰이지 않을 중학교 성적인지라 그리 중요하게 생각지 않았다. 아이가 무엇을 좋아하는지, 무엇을 재미있어하는지 그리고 어떤 게 다른 사람보다 뛰어난지 혹은 운동처럼 못하는 게 무엇인지 살피는 걸 공부보다 중요한 문제로 여겼다.

무엇보다 전교 석차가 나오지 않으니 누가 잘하는지 몰랐고, 그저 학교 숙제만 착실히 할 뿐 시험공부를 따로 하는 걸 거의 본 적이 없다. 리포트 카드에 A나 B가 적혀 있으면 학교를 착실히 잘 다니고 있구나, 하며 안심할 뿐이었다.

수학을 그럭저럭하는 수준이어서인지 수학적인 머리가 빨라야 하는 과학에서 아이는 또 한 번 고비에 맞닥뜨렸다. 고등학교에 올라간 아이는 화학이나 물리가 너무 어렵다는 이야기를 자주 했다. 도와주는 친구들이 없었다면 큰일 날뻔했다는 이야기를 지금도 가끔 한다. 자기의 목표는 과학 리포트 카드에 C나 D를 맞는 거였다고 했다. 친구들의 도움으로 어찌어찌 A를 맞았지만, 매번 과학 과목의 점수 때문에 마음을 졸여야 했다.

결국, 막내는 친구들의 도움으로 화학 GT반 성적을 A로 마감하긴 했지만, AP로 올라갔어도 막상 12학년 때 시험은 보지 않았다. 대학 원서에 AP 시험 결과를 써야 하는데, 시험 점수가 5점 만점에 4점은 맞아야 좋은 결과인 걸 알기에 시험 보는 걸 포기한 것이다. 그 정도로 아이는 화학이나 물리를 어려워했다. 아이는 자기가 친구들 사이에서 '사이언스 바보'라는 별명까지 얻었다고 씁쓸하게 말하곤 했다.

아이들의 중학교 시절을 돌아보면 첫째는 학생회 일을 하면서 리더십에 관심이 많아 목표를 잘 세우고 친구들과의 관계를 중요시했다. 사회성이 뛰어나 사막에서도 살아남을 수 있겠다는 믿음직스러운 면을 보였다. 둘째는 책에 관심이 많고 친구나 사람에 대한 호기심이 많았다. 또한, 사람뿐만 아니라 동물이나 지구를 사랑하는 마음이 크고 철학적 사고가 일찍 트여 다른 아이들보다 성숙한 면이 있었다. 그렇게 특이한 면이 많아서 조금은 주의가 필요한 아이였다.

반면에 막내는 조용하고 사려 깊고 매너가 좋은, 어른들이 보았을 때 너무나도 예의가 바른 '예스맨'이었다. 어디에 내놓아도 절대 부모 속은 썩이지 않을 것 같은 반듯한 아이였다. 나는 막내를 어떤 일이 주어질 때 싫어도 끝까지 수행하는 성실함을 무기로 조용히 전진하는 아이라고 생각했다.

여기에서 미국 학교의 리포트 점수 보는 방법을 이야기하고자 한다. 한국은 한 학년을 1학기와 2학기로 나누지만, 미국은 4학기로 나눈다. 1학기부터 4학기까지의 점수가 있고 거기에 중간고사와 기말고사 총 여섯 개의 점수를 합한 총점을 6으로 나누었을 때 90 이상이면 A, 80 이상이면 B 이런 식으로 매긴다. 결국, 대학에 들어갈 때는 9학년부터 12학년까지의 리포트 점수만 계산하게 되는데, 총합계를 6으로 나눈 마지막 점수만 합격 여부에 쓰인다. 그래서 중간에 B가 있고 C가 있더라도 잘 계산해서 마지막에 A를 만들려고 애쓴다. 여섯 번 모두 A를 맞을 필요가 없다는 걸 알면 비교적 약한 과목에 집중하는 시간을 벌 수 있다.

5
-
강제 집돌이가 만난
그림

막 내가 8학년, 그러니까 한국으로 치면 중2 때 코로나19 시기와 맞닥뜨렸다. 사춘기가 막 시작될 무렵에 안 그래도 집에만 있는 걸 좋아하는 아이가 전 세계적으로 집에만 있으란 명을 받았으니, 얼마나 좋았을까? 하지만 그렇게 8학년 4학기부터 시작되었던 강제 휴교가 9학년이 끝나도록 이어질 줄 누가 알았겠는가? 뭐든 그때 당장은 좋지 않았던 상황이 시간이 지나면 결코, 나쁘지만은 않은 일이 될 수도 있게 된다.

강제 집돌이의 생활에 익숙해질 무렵, 혼자 너무 심심했는지 아이는 종이에 끄적끄적 무언가를 그리기 시작했다. 아이가 초등학교 때쯤 혼자 미술을 열심히 했던 기어은 있지만, 미대를 졸업한 내 경험상 그리 소질이 있어 보이지는 않았다. 음악은 아주 어릴 때부터 시작하는 게 맞지만 그림은 감각만 있으면 언제든지 시작해도 된다는 나만의 믿음이 있어 아이가 하고 싶어 하면 미술은 시키리라 생각하고 있었다.

큰아이나 둘째는 고등학교 졸업 때까지 음악만을 했기 때문에, 막내가 미술을 하리란 기대는 거의 없었다. 특히 사람을 그릴 때 균형을 잘 맞추지도 못했고, 그 흔한 학교 전시회에 한 번도 전시되어 보지 못했던 터라 그림을 그릴 것이라고는 전혀 상상하지 못했다. 그래서 종이에 그림을 끄적거리고 있는 모습을 봐도 나는 딱히 아들에게 관심을 기울이지 않았다.

그래도 아이들끼리는 뭔가 통하는지 큰아이가 안 쓰는 태블릿이 있다며 건네준 것이 막내가 그림을 그리는 계기가 될 줄 누가 알았겠는가? 온종일 태블릿을 가지고 놀던 막내는 급기야 밤을 새울 정도로 그림을 그려댔다. 누나들의 캐리커처를 그려 선물하거나 내게 재미있는 그림을 그려주기도 했다. 친구에게도 그림을 그려 선물하는 모습을 보다 이대로 집에서만 미술을 하기에는 아깝다는 가족의 의견이 모였다. 전문적인 미술학원에 보내자는 것이었다.

하지만 막내의 반응은 싸늘했다. 어디든 그냥 툭 가는 성격이 아닌 내향적인 면도 있는 데다, 태블릿으로 재미 삼아 그리는 건데 왜 그림을 배우러 가냐며 절대로 가지 않겠다고 강한 적대감을 드러냈다.

누나들은 뭐든 시켜만 주면 기대 이상의 성과를 내어 시간과 비용 대비 효율이 높았던 반면, 아들은 무슨 일이든 시작하기도 어려웠다. 시작이 반이라는 말이 실감 되는 아이였고 막상 한다고 해도 그리 성과가 뛰어나지 않았던 게 사실이다.

따라서 막내를 미술학원에 보내는 건 쉽지 않은 일이었다. 미술 전공으로 대학을 가라는 것도 아니고 혼자 너무 열심히 그림을 그리는 모습이 안쓰러워 전문적으로 배워 보라고 권유했던 것인데, 극구 싫다고 하니 굳이 보낼 이유가 없었다. 이번에도 막내의 베스트 프렌드인 둘째가 나섰다. 딱 한 달 아니 1회만 수업을 받아 보고 아니라고 느껴지면 그만둔다는 조건을 내걸고, 간신히 막내의 승낙을 받아 냈다.

코로나19가 계속 기승을 부리던 시기였다. 등교하지 않는 때라 어렵게 학원 면담 일정을 잡고 서로 마스크를 낀 채로 학원에 갔다.

"어떻게 오셨나요?"

"제 아이가 갑자기 그림을 그리고 있어요. 어떤 날은 밤새워 그리기도 해서 취미로 배웠으면 해서요."

"몇 학년인가요?"

"9학년요."

"지금 9학년 끝 무렵인데 취미로 그림을 그린다고요?"

"네. 집에서 너무 열심히 끄적거리는 게 안타까워서 배워 보게 하려고요. 취미반은 없나요?"

"곧 10학년인데 취미로 하실 거면 하지 않는 게 좋을 거 같아요."

"아니… 전공할 것도 아니고 그냥 취미로 하려고 하는데…. 한 번만 수업을 받아 보면 안 될까요?"

"초등학생이나 중학생도 아니고 고등학생이 취미로 미술을 하는 건 시간 낭비예요. 그 시간에 다른 활동을 하든지 공부에 집중하는 게 좋을 것 같아요…."

원장님은 우리 아이의 미술 시작을 강하게 반대하셨다. 우리는 더 강하게 한 번만 기회를 달라고 사정했다. 결국 취미반에 들어가 성인들과 함께 수업을 받기로 했다.

첫날 3시간 수업을 마치고 나서 아이는 얼굴이 벌겋게 상기된 채 교실을 나왔다. 공교롭게도 그날 지인이 아이와 함께 수업을 들었다. 지인은 어떤 남자아이가 앞에서 그림을 그리는데 아주 대담하게 잘 그리더라고 이야기했다. 첫날인데도 아이가 그럴듯하게 너무 열심히 그려서 사진을 찍어놓았다며 내게 사진을 보여주었다. 지인은 그 아이가 내 아들인지도 몰랐다. 그날, 그 장소 그리고 그 사진 속에 담긴, 사과를 그리는 막내아들의 모습이 고스란히 추억의 한 장면으로 남았다.

그날 아이의 느낌이 어떤지 궁금해서 물어보니, 너무 재미있다며 한 달만 다녀보겠단다. 옳거니! 드디어 녀석이 재미있어하는 걸 찾은 것만 같았다. 그동안의 일들이 주마등처럼 스쳐 지나갔다. 태어나 처음으로 수영을 배우던 날 소스라치게 울며 도망갔고, 태권도

도장에선 출입문을 열지 못하게 내 앞을 막아섰던 아이, 생일파티 농구장에서는 아이들과 부딪치는 게 싫다며 뛰쳐나와 버렸던 어린 아이, 피아노 의자에 앉아 어깨를 들썩이며 선생님에게 혼나는 모습이 안쓰러워 아이의 손을 잡고 레슨 장을 나와 버렸던 날, 첼로를 켜며 귀가 빨개지도록 선생님 말씀에 집중하면서도 눈에는 눈물이 글썽거렸던 마음 약한 아이…. 그랬던 아이가 이번에는 볼이 벌겋게 상기된 채 그림 그리는 게 재미있다고 말하는 것이 아닌가.

사람은 누구에게나 정말 하나쯤은 좋아하고 잘하는 무언가가 있는가 보다. 부모라면 아이의 그 무언가를 찾아주기 위한 노력을 반드시 해야 할 의무가 있다고 생각한다. 내 속으로 낳은 자식이지만 정말 하나같이 다른 성격과 다른 성향으로 아롱다롱 태어난다. 나의 경우 부모님은 피아노를 치는 우아한 여인상을 그리며 내가 그렇게 되기를 무던히도 바라고 애쓰셨다.

　나는 그 희망에 부합하지 못하고 부모님을 속여가며 미술에 입문했고, 결국 지금 나는 내가 전공한 미술에 대한 자긍심이 강한 성인이 되었다. 중년의 나이에도 내가 하고 싶어 하고 잘하는 것을 찾아가는 여정에 쉼이 없다. 글을 쓰고 서예를 하고 영어를 배우려 힘쓰는 게 그런 노력의 일환이다. 만약 우리 부모님이 나를 아주 잘 관찰하고 많은 대화를 통해 진짜 내가 제일 좋아하고 잘할 수 있는 것을 함께 찾고 고민했더라면 어땠을까.

어릴 때 우리의 뇌는 스펀지 같아서 무엇이든 쉽게 받아들이고 흡수한다. 그러한 시기에 무엇이든 할 수 있게 아이를 놓아주고 기다려주고 격려해주면, 자신 속에 있는 그 무언가를 끄집어낼 수 있지 않을까? 물론 반드시 그러리라는 보장은 없다. 그때가 어릴 때일 수도 있지만, 나처럼 오십이 넘어 우연한 기회에 글을 쓰는 재능이 발현될 수도 있는 것이다. 그렇게 글로써 상을 받고 책이 만들어지고 신문 칼럼니스트가 된 만큼 결코 그 시기를 언제라 논할 수는 없을 테다.

부모의 역할은 잠재된 아이의 능력이 발현될 수 있도록 무엇이든 시도해보게 하고 잘 살펴서 그 능력이 극대화되게끔 지원해주는 데 있지 않을까? 그것이 가장 중요한 부모의 역할이라 감히 말하고 싶다.

아무튼, 막내에게는 그날부터 신세계가 열렸다. 한국처럼 매일 학원에 가는 건 아니고 일주일에 한 번씩 한 3시간 정도 그림을 그렸다. 그렇게 얼마 지나지 않아 한 번으로는 성에 차지 않는지 아이는 일주일에 두 번씩 수업을 받고 싶어 했다.

'아무래도 미술을 전공한 엄마의 피가 흐르고 있는 모양이다.'

이렇게 이해했지만, 솔직히 나는 단기간 공부해 미술대학에 들어간 것이고, 분야도 산업미술 쪽이라 순수 미술을 하는 진짜 미술 학도와는 거리가 멀었다. 물론 산업미술 전공자도 그림을 정말 잘 그리는 사람이 많지만 내 경우는 서양화나 동양화 같은 순수 그림과는 동떨어진 인테리어를 전공했기에 엄마의 피가 흐른다고 말하긴 좀 쑥스럽다.

그렇게 9학년이 끝나고 아이는 9주간의 여름 미술 캠프에 등록했다. 물론 코로나19가 계속되고 있어 매일 마스크를 쓰고 몇 시간씩 그림을 그려야 했지만, 정말 아이는 하루도 빼먹지 않고 9주 동안 캠프를 갔다. 이때의 캠프는 멀리 떨어져 합숙하며 지내는 캠프가 아니라 매일 아침부터 저녁까지 학원에서 그림을 그리는 프로그램이었다. 여름방학 내내 오로지 그림만 그린 결과는 대단했다. 10학년이 되자마자 아이는 내셔널 골드 상을 탔다.

10학년이 내셔널 골드 상을 받을 수 있는 확률은 낮다고 이미 선생님이 이야기한 바 있다. 11학년은 목숨을 걸고 상을 받으려 혈안이 되기 때문에 11학년 그림이 다른 학년보다 좋을 수밖에 없다고도 했다. 그런데 그림을 시작한 지 몇 달 되지 않았기도 했고, 아무리 잘 그린다 해도 아직 10학년인데, 도대체 어떻게 이렇게 큰 상을 받을 수 있는지 도무지 이해할 수 없어 했다. 물론 아이를 가르친 미술 선생님의 실력은 타의 추종을 불허 할 만큼 뛰어났다. 동부 그러니까 워싱턴, 버지니아, 뉴저지, 뉴욕 등을 통틀어 아이비리그 대학을 제일 잘 보내는 유일한 학원 원장이었고, 선생님의 지도력엔 아이의 마음을 움직이는 묘한 기운이 있었다. 취미로 하려면 시작도 하지 말라고 하셨던 그분이 왜 그랬는지 그때 처음 이해가 되었다.

6
-
영혼을 갈아 넣은
주니어 미술학도

취미로 치부하려던 그림 그리기가 하나의 재능으로 튀어 오르기까지는 그리 오랜 시간이 걸리지 않았다. 혹독한 9주간의 여름 캠프를 마치고 아이는 본격적인 입시생 모드로 들어갔다. 취미로 하려면 시작도 하지 말라고 충고했던 원장 선생님은 여름 캠프 동안 아이의 태도를 보고 깜짝 놀랐다고 하셨다.

오전 10시에 시작해 12시에 점심을 먹고 다시 오후 수업을 시작하는데, 보통 아이들은 모두 나가서 점심을 사 먹고 들어오거나 삼삼오오 모여 수다를 떨며 1시간을 소비한다. 그것도 모자라 아이스크림을 사 먹거나 하면서 쉬는 시간을 충분히 즐기는데, 막내는 그 시간이 아까워 혼자 후다닥 점심을 먹고 곧장 그림을 그렸단다. 정말이지 하루도 빼먹지 않고 그렇게 열심히 그림을 그리는 학생은 처음이라고 할 정도였다.

'정승도 저 싫으면 안 한다'라는 말이 있듯이 뭐든 처음엔 싫다고 말하는 아이였다. 선뜻 어딘가를 가려고 하는 아이도 아니고 좋아도 좋다는 표현에 서툰 아이였다. 그런 아이가 밥 먹는 시간도 아까워하며 9주 동안 그렇게 몰두한다는 건 분명 '그림'에 열정이 있다는 의미였다. 그것은 그림 그리기를 재미있어한다는 의미이기도 하고, 그 아이에게 미술 재능이 내재되어 있다는 말이기도 했다.

공부, 음악, 운동뿐만 아니라 뭐든 누구보다도 열심히 노력해 잘하는 것 모두 그 사람만의 재능이라는 말을 참 많이들 하지 않는가. 조금 늦기는 했지만 우리는 자신만의 재능을 발견하고 열심히 갈고닦는 막내의 열정에 박수를 보냈다.

역시나 남편의 반응은 여느 아빠들과 같았다. 오로지 공부만이 최고라고 생각하는 한국의 중년 남자로서 아들이 미술을 한다는 사실만으로도 처음엔 못마땅해했다. 그저 취미로 미술을 시작했으려니 하다가 너무 열심히 하는 아들을 보며 진짜 미대를 원하는지 몇 번을 물어보았다.

내겐 아직 원서를 쓰는 건 아니지만 저렇게 열심히 한다면 미대에도 도전해볼 만하지 않겠나? 하는 막연한 기대가 있었고, 그 기대 속엔 정말 아들이 미술학도가 되면 어쩌나 하는 남편의 불안함이 함께

스며 있었다. 하지만 미국의 대학입시는 그렇게 딱 전공이 확정되어 있지 않다. 음악을 잘한다고 누구나 음대를 가는 게 아니라 음악을 전공하는 수준까지 다다라야 대학에 들어갈 때 확실한 스펙이 된다. 즉, 음악을 사랑하고 음악을 전공하고자 하는 학생의 경우 음악 전문 대학을 가는 시스템이다.

예를 들어, 그런 학생의 경우 줄리아드JUILLIARD나 피바디PEABODY 혹은 커티스CURTIS나 버클리BERKELEY 같은 음악 전문 대학에 가는 것이고, 미술을 전공하려는 학생은 리즈디RISD나 시카고SAIC, 퍼슨PARSON 혹은 프랫PRATT 같은 미대에 가는 것이다.

그러지 않으면 대학입시 때 스펙으로서 적용되어 합격에 유리한 점수를 받게 된다. 음악은 비디오를 제작해 제출하거나 미술은 포트폴리오를 제작해 원서와 함께 제출하게 된다. 그래서 음악을 한다고 꼭 음대에, 미술을 한다고 꼭 미대에 가는 것이 아니라는 점을 말해두고 싶다. 수학을 잘하면 올림피아드에서 상을 받는 것과 같이 미술대회에서 상을 받는 것은 대학입시에서 높은 점수를 받는 기회를 거머쥐는 좋은 스펙으로 알려져 있다.

운동 또한 마찬가지다. 운동을 잘한다고 대학에 들어가서 운동만 하는 게 아니라, 운동도 하나의 스펙으로 작용하는 것으로서 한국의 체대를 가는 것과는 다르다. 체대가 따로 없는 미국에서는 학교를 빛내줄 유명 선수를 특별히 영입해 어느 정도 학점만 유지하면 졸업시켜준다는 말을 들은 적은 있다.

우리는 아이가 원하는 그림 그리기를 최대한 지원해주기로 했다. 대신 그림은 하나의 스펙으로 생각하고 공부를 게을리하지 않았다. 일단 학교 성적을 유지하면서, SAT를 11학년이 되기 전에 끝내기로 계획을 잡았다. 큰아이가 한국에서 SAT를 너무 일찍 시작하는 바람에 생각보다 좋은 성적이 나오지 않았던 경험을 하고, 둘째는 11학년에 시작했지만 첫째와 그렇게 큰 차이가 없다는 걸 확인했었다. 결국, 아이의 성향이나 진도 상황 그리고 학습 목표에 SAT를 맞추는 게 좋겠다는 결론에 닿았다.

대학입시에서는 10학년이 끝난 여름방학이 정말 중요한 때다. 왜냐하면 11학년, 즉 주니어는 입학원서를 위해 미리 준비해야 하는 것들이 정말 많아 거의 죽음의 해이기 때문이다. SAT 시험을 끝내놓아야 하고, 대학에서 요구하는 봉사활동 시간도 맞추어야 한다. 또한, 어려워하는 과목이 있으면 그때 선행학습을 해야 하고, 가능하다면 인턴 일을 잡아야 한다.

인턴은 이왕이면 선택하고자 하는 전공과 관련된 일을 잡는 게 중요하다. 위의 아이들은 의대를 가기 위해 존스 홉킨스 대학에서 리서치 하는 일에 1년 이상 시간을 할애했었다. 하지만 인턴 일을 잡는 게 결코 쉬운 일은 아니다. 물론 연줄로 인턴 자리를 꿰차면 제일 좋겠지만, 하고자 하는 아이는 많고 자리는 겨우 한두 개일 것이다. 그러니 부모와 학생이 한마음이 되어 발 빠르게 알아보는 적극적인 태도를 가져야 한다. 나중에 자세히 말하겠지만 막내는 11학년 내내 정부 일을 하기 위해 원서를 쓰고 인터뷰를 하며 시간을 보냈다.

9학년을 마친 여름방학에 미술 캠프에 참여했던 것과 마찬가지로 막내는 10학년이 끝난 여름방학에도 9주 캠프에 돌입했다. 이때도 아이는 점심 먹는 시간이 아까워 가장 빠르게 식사를 끝내고 선생님이 내준 그림 과제를 열심히 그렸다. 그 결과 11학년이 되어 나가게 된 대회scholastic art & writing award에서 내셔널 상, 그것도 골드메달 두 개를 휩쓸었다. 11학년에 받는 상은 원서에 들어가는 중요한 상이어서 미국의 모든 아이가 눈에 불을 켜고 죽을 각오로 받으려고 애쓰는 상이었다. 그런데도 내셔널 상을 받는다는 건 하늘의 별을 따는 일이라고 원장님은 매번 말하셨다.

특히 역사가 100년이 넘은 미술협회에서 주관하는 이 상은, 수상한 작품들을 책자로 만들어주는 영예를 준다. 대학에서도 100% 인정해주는 대단한 상이다. 10학년에 받은 내셔널 상을 합해 총 세 개 중 하나는 미국에서 최고 10위 안에 드는, 권위 있는 상을 받는 행운을 안았다. 이 작품은 한국 사람들에게도 잘 알려진 카네기 홀에 전시되는, 개인적으로 대단한 영광을 안은 중요한 상이 되었다. 우리 가족 모두 초대를 받아 처음 들어가 본 뉴욕의 카네기 홀은 그야말로 눈이 휘둥그레질 만큼 대단한 무대였다. 아들 덕에 멋진 장소에서 어깨가 으쓱해지는 경험을 했다.

카네기 홀 무대에 우리 아들의 그림이 전시되는 걸 본 남편은 미대에 아이를 보내기로 마음이 기운 듯 보였다. 공부도 곧잘 하는 아들인지라 공부로 좋은 대학에도 갈 수 있을 텐데, 미술에 이렇게 재능을 보이니 무조건 반대할 수만도 없는 복잡한 심경인 듯했다. 남편은 내게 조심스럽게 이렇게 물었다.

"진짜 미대에 가고 싶어 해?"

"모르겠어. 진짜 그림으로 대학에 가고 싶은 건지. 일단 지켜봅시다."

SAT는 어느 정도 실력이 쌓이면 그때부터는 시간 싸움이다. 주어진 시간 안에 문제를 푸는 요령을 매번 반복해 습득하면서 아이는 점수를 높였다. 10학년 그해 여름방학이 끝나면서 두 번째 시험을 치르고 스스로 만족스러운 점수를 받으며 SAT를 마쳤다. SAT 공부를 마치면서 11학년(주니어)이 되었고, 그림과 그 외의 스펙을 쌓는 데 전념할 수 있는 시간을 만들 수 있었다.

7
-
아이비리그에
도전

국의 주니어, 즉 11학년은 대학에 가기 위해 모든 노력을 쏟아부어야 하는 해다. 이때 고등학교와 대학교 학년을 부르는 이름이 따로 있다. 다음과 같은 것들이다.

1학년 · Freshman

2학년 · Sophomore

3학년 · Junior

4학년 · Senior

미국은 고등학교나 대학교 때 몇 학년이냐고 물으면 한국처럼 고등학교 1학년이라고 말하지 않는다. 프레시맨 인 하이스쿨Freshman in high school이라고 말한다. 대학교 2학년은 소포모어 인 칼리지Sophomore in college라 말한다.

11학년, 즉 한국의 고등학교 2학년에 해당하는 주니어 이어Junior Year에 모든 준비를 끝내고 12학년, 즉 고등학교 3학년이 되면 바로 대학 원서를 넣기 시작한다. 3학년 때는 공부하는 학생이 거의 없고 대학에서 요구하는 학점만 조금 신경 쓰면서 학교생활을 끝맺는다. 11학년까지만 고생하면 12학년 때는 수시와 정시 원서를 넣고 기다리다가 합격하면 그해 9월에 대학에 입학하게 된다. 그래서 12학년은 원서(1월)를 넣은 후 합격(4월)하기까지 합격여부를 기다리는 인내를 배우게 된다. 물론 부모의 마음은 새까맣게 타들어 간다.

만약 수시로 합격한 아이라면 거의 9개월을 놀다가 대학에 가게 된다. 한국은 겨울에 합격자 발표가 나고 3월에 입학하니 단 3개월 안에 모든 게 정리되는데 미국은 학기제가 달라 그 기간이 참 길고도 길다. 대학에선 그 기간의 일탈을 방지하기 위해 고등학교 졸업 때까지의 성적을 계속 요구한다. 이때 어느 정도의 점수를, 가령 B학점 이상을 유지해야 대학 합격을 유지할 수 있다고 엄포를 놓기도 해 졸업 때까지 학교 점수에 신경 써야 한다.

수시에 합격하지 못한 많은 학생은 12월에 정시로 원서를 넣고 거의 4월 초까지 기다려야 한다. 아이비리그 대학 같은 경우는 해마다 날짜가 달라지지만, 일반 대학은 거의 같은 날 합격자를 발표한다. 세 아이 모두 수시에 불합격해 정시까지 기다리다 4월 초에 발표한 학교에 합격해 그해 9월 입학했다.

이렇게 대학입시 원서를 넣는 데 중요한 11학년은 그야말로 전쟁터가 된다. 영혼을 갈아넣어야 한다는 말도 있고, 미국의 주니어는 인생이 없다고 할 정도로 학교 공부를 유지해야 한다. SAT도 끝마쳐야 하고 중요한 대학과정 AP 시험도 치러야 한다. 거기에 온갖 스펙을 완성해야 하는 중대한 시기다.

막내는 11학년이 되기 전에 SAT를 끝내놓았기 때문에 SAT에 대한 스트레스를 줄일 수 있었다. 대신 미술 포트폴리오를 만들어야 하는 어려운 과정을 겪어야 했다. 특히 중학교 때부터 미술 수업을 듣고 단계적으로 올라가야 하는데 그 과정을 건너뛰었기 때문에 어렵게 수업을 들어야 했다. 문제는 시간이 많지 않다는 것이었다. 게다가 선생님이 요구하는 또 다른 과제를 제출해야 했다. 더불어 미술 GT와 AP를 동시에 이수해야 하는 어려움이 있었다.

이때부터 우리는 입시 코디네이터라는 새로운 단어에 눈을 떴다. 미술 학원 원장님은 처음 아들의 미술을 반대했던 이유가 너무 늦게, 그것도 전공도 아닌 취미로 시작한다는 말 때문이었다고 했다. 그러면서 현실감 없는 아이와 엄마였다고 회상했다. 그 당시엔 잘 이해되지 않았던 반응을 이렇게 다시 풀어 설명해주었다.

원장 선생님이 아이의 입시 코디네이터를 했는데 만약 아이가 미대를 간다고 하면 지금으로도 충분하다고 했다. 왜냐하면 미국에서 미대로 가장 유명한 리즈디나 시카고 미술대학 같은 경우 미술 작품이 조금 모자라도 학교 GPA가 월등히 좋다거나 SAT 점수가 높으면 합격할 가능성이 다분하기 때문이었다. 하지만 미술 작품도 좋을 뿐 아니라 공부 성적도 좋으니 전략을 잘 세워 아이비리그에 도전해보자고 했다.

솔직히 말하면 딸들에 비교해 막내에게 크게 기대하는 바가 없었다. 수영과 골프, 첼로도 어느 정도 실력을 갖추었고 공부도 어느 정도 따라가고 있지만, 이 정도는 미국의 수많은 아이가 가지고 있는, 넘쳐나는 스펙들 중 하나일 뿐이었다. 아이비리그는 그것을 뛰어넘는 아이를 선택한다는 걸 위의 두 아이를 키워본 경험상 알 수 있었기 때문이다. 누구보다도 그 학교를 빛낼 아이를 신중하게 선발하는 그들에게 우리 아이처럼 적당히 잘하는 학생은 마음에 차지 않을 것이다. 그래서 우리는 아이가 그냥 잘하는 그룹은 몰라도 뛰어난 그룹에 들 수는 없다고 생각했다. 그런 만큼 좋은 아이비리그 대학보다는 집 근처에 있는 주립대학이나 워싱턴 DC에 있는 조지타운대학을 목표로 삼았었다.

특히 유명 사립 고등학교에 다니는 것도 아니고 공립학교에서 아이비리그를 간다는 건 정말이지 가망이 없는 이야기였다. 그래도 메릴랜드에서 하워드 카운티는 교육 수준이 높은 카운티에 속해 공립학교 중에서는 높은 순위에 드는 게 그나마 다행이었다. 하지만 뉴욕이나 대도시의 카운티에 있는 공립학교는 수준이 낮아 웬만큼 교육 열이 있는 부모들은 사립학교에 아이를 보낸다는 말을 많이 들었다.

우리 동네에서도 잘나가는 아이들은 부모가 미리부터 사립학교로 전학시키는 모습을 종종 보았다. 공립학교에서 웬만큼 잘해서는 아이비리그에 가는 게 하늘의 별을 따는 것과 같다. 큰아이나 둘째는 전체 수석으로 졸업하고, 클럽활동을 열 개 이상을 하고 SAT 점수가 제일 높았는데도 아이비리그에 가지 못했다. 그런 걸 보면 공부나 활동을 아무리 잘하고 많이 한다 해도 특별한 한 가지를 월등히 잘하지 못하면 아이비리그는 절대 넘볼 수 없는 넘사벽이라는 걸 잘 알아야 했다.

여러 가지 이유를 들며 막내를 아이비리그 대학에 보내보자는 입시 코디의 말은 기대하지 않았던 아이에게 새로운 희망을 선사하는 크나큰 원동력이 되었다. 아이비리그 대학에 보내는 게 어떻겠냐는 말만 들어도 기분이 좋았던 이유는, 미술을 하기 전에는 성격적으로도 그렇고 열심히 해야 할 동기가 크지 않았기 때문이었다. 코디 선생님은 목표를 높게 세워야 가고자 하는 대학에 들어갈 수 있다는 조언도 잊지 않았다.

코디 선생님은 미술 포트폴리오와 학교 성적과 SAT 성적을 토대로 아이비리그 대학 위주로 원서를 쓰기를 원했고, 아이는 그 학교들에 중점을 두어 스케줄을 짜기 시작했다. 대학마다 원하는 학생의 원서가 달랐고, 제출하는 서류 또한 미세하게 달랐다. 학교마다 가지고 있는 특성을 잘 알아야 했다. 물론 100% 합격을 보장할 수는 없다고 했다.

물론 아이비리그는 공부를 못하면 갈 수 없는 대학이다. 예를 들어, SAT 점수가 1,600점 만점에서 1,500점은 나와야 원서를 쓸 수 있다. 대학입시 사정관은 일단 SAT 점수를 보고 학생의 파일을 남길지 휴지통으로 던져버릴지를 결정한다고 한다. 1차로 합격할 수 있는 점수 하한선이 학교마다 다르지만 1,500점이 되어야지만 2차로 넘어간다. 간혹 뛰어난 운동 실력이나 뛰어난 무언가를 가지고 있다면 말은 달라지겠지만 1차는 성적으로 원서를 거른다.

SAT 점수가 1,500점이 넘는 원서를 가지고 시작하기 때문에 SAT 점수가 제대로 나오지 않으면 재도전해야 한다. 미국은 1년에 6, 7번의 기회가 주어지고 자유롭게 원하는 날을 선택해서 볼 수 있으며 학년도 제한을 두지 않는다. 필요하면 중학교 때 볼 수도 있고, 12학년에 볼 수도 있다. 한 번을 보든 열 번을 보든 그 또한 개인의 자유다.

다만 대학에서는 두세 번만 보는 걸 권장한다. 열 번을 봐서 만점을 맞는 것보다 두어 번 봐서 높은 점수를 받는 학생을 더 좋게 봐주는 사회인 것만은 확실하다. 공부에만 집중하지 않고 전인교육을 선호한다는 말이기도 하다. 즉, 점수는 열 번을 보면 조금씩 나아지겠지만 다른 것들을 놓치면서까지 하나에만 몰두하지 말라는 사회적 흐름이기도 하다. 단 한 번으로 인생이 달라져 버리는, 점수만이 모든 걸 대변하는 한국의 평가 체제와는 확연히 다르다. 단 한 번의 시험으로 칼로 무 자르듯 편이 갈리는 인생의 잣대로 삼는 건 어쩌면 가장 위험한 게임일 수도 있다.

포트폴리오는 해가 갈수록 학교마다 더 많은 그림을 담길 원하는 추세다. 미술이라는 전공이 없는 학교에서도 서플리먼트(예술전공자의 작품이 아닌 추가제출물, 2026 입시에는 적용되지 않았음) 포트폴리오를 받는 학교가 있다. 예를 들어, 조지타운대학은 미술 전공 학과가 없는데도 스무 개의 서플리먼트 작품을 요구한다. 이는 공부는 물론 미술이라는 스펙이 인문학적 소양이 있는 아이로 만들 수 있음을 대학에서는 이미 알고 있다는 말이다. 이런 학생은 공부는 물론이고 장차 사회에 나가 다른 어떠한 사람보다 성공할 수 있다는 확신을 학교가 갖고 있다는 걸 보여주는 예다.

포트폴리오 작품 개수가 열 개에서 점점 많아지더니 우리 막내가 대학에 가려던 해인 2024년엔 대부분 스무 개라는 많은 작품을 요구했다. 아이는 11학년에 이미 받아 놓은 메가급 상이 있는 만큼 오직 포트폴리오 작업에만 매달렸다. 그러면서 병행한 일이 바로 인턴 사원을 뽑는 정부의 자리에 원서를 넣는 것이었다.

8
-
고등학생이
국가안보국 NSA 인턴이 되다

지금도 신기한 건 미국 정부에서 고등학생 인턴을 뽑는다는 사실이다. 대학생도 아니고 대학을 졸업한 사회인도 아닌, 고등학교에 다니고 있는 일반 학생에게 월급을 쥐가며 일을 시킨다는 건 상상할 수 없는 일이었다. 대학에서 원하는 스펙 중의 하나가 이런 인턴으로서 어디에서 얼마만큼 일했는지가 아주 중요하다. 특히 좋은 기관에서 돈을 받으며 인턴을 했다는 사실은 그만큼 학생이 가지고 있는 잠재력이 뛰어나다는 증거이므로 스펙 중에서도 가장 쳐준다고 말할 수 있다. 그만큼 고등학생에게 급여를 주고 일을 시키는 건 극히 드문 일임이 틀림없다.

어느 날 막내가 학교에서 정부 일을 할 수 있는 학생을 뽑는다는 정보를 담은 웹사이트를 알아 왔다. 디자인 수업에 들어갔는데, 그 수업을 관장하는 카운티 선생님이 오직 11, 12학년에게만 기회가 주어지는 ARLApplication and Research Laboratory (지원 및 연구 실험실)이라는 프로그램이 있으니 한번 도전해보겠다고 했다. 새로운 것을 쉽게 받아들이지 않는 아이가 이런 프로그램에 흥미를 느끼는 것 자체도 희한한 일인 데다, 한국에는 없는 일이라 우리도 아주 흥미롭게 지켜보기로 했다.

정부의 일이고 굉장히 비밀스러운 기관이라 여기서 정확히 밝힐 수는 없지만, 한마디로 한국의 정보기관 같은 곳이었다. 원서를 넣는 과정부터 만만한 일은 아니었다. 아이의 신상은 물론 우리 가족 전체 정보를 넣어야 했다. 아이가 미국에서 태어나야 함은 물론이고 부모나 형제 모두 미국 시민권자여야 한다. 부모나 형제가 어디에서 태어났는지 그리고 부모의 부모, 즉 조부모의 인적사항까지 빼곡히 적어 넣어야 했다.

정보기관답게 일단 아이와 가족의 신분에 대한 조사를 정확하고 철저하게 한다는 인상을 받았다. 만약 가족 중 한 사람이라도 신분에 이상이 있으면 절대 들어갈 수 없다. 둘째가 국회 인턴으로 들어갈 때 했던 신상 조사와 비슷했지만, 이번엔 더 자세하고 더 넓게 한국의 가족까지 조사했다. 한마디로 탈탈 털어 먼지가 안 나야 뽑겠다는 말이라고 이해하면 될 것 같다. 그만큼 철저히 신상 조사를 했다.

그러면서 한 달 한 달 또 다른 서류를 요구했고, 웬만한 인내력 없이는 기다릴 수 없게 만드는 듯했다. 이 정도가 1차 서류 심사고, 그 다음은 성적표와 학교 선생님의 추천서와 자기를 대변해주는 이력서를 요구했다. 성적은 아주 중요한 이슈는 아니었을 테지만, 추천서의 내용이 정부의 인턴 일을 잡는 데 크게 작용했을 것으로 짐작할 뿐이다. 아이는 학교 상담 선생님과 영어 선생님에게 추천서를 부탁했고, 두 분은 흔쾌히 추천서를 써서 직접 기관에 보냈다. 그래서 우리는 추천서 안에 어떤 내용이 들어있는지 알 수 없는 상태에서 마냥 기다려야 했다.

추천서를 넣고 또 몇 달이 흘렀다. 이번에는 직접 상사가 대면 인터뷰를 하겠다며 바로 그 기관으로 오라고 지시했다.

"너는 어느 나라 사람인가?"

"저는 80%는 미국 사람이고 20%는 한국 사람입니다."

"그럼 만약 한국에서 곧 전쟁이 일어난다는 사실을 너만 알고 있고 그 사실이 비밀이라면, 한국에 있는 친척에게 이를 알리겠는가?"

"제가 만약 그 정보를 알고 있다면 알릴 수밖에 없습니다."

"…"

인터뷰 내용이 이러리라고는 상상하지 못한 일이었지만 아이의 대답이 잘못되었다는 건 즉각적으로 알았다. 순수한 미국인이라고 해도 시원찮은데 저런 대답을 했으니 당연히 불합격이라 생각했다. 더군다나 비밀을 우선시하는 정보기관인데 자기의 가족을 위해 국가 비밀을 누설하겠다는 사람을 어찌 믿겠는가?

아이는 천진하게도 머리를 굴리는 성인이 아닌 티를 냈고, 인터뷰 내용은 나라보다는 가족의 안전이 우선인 마음을 가진, 지극히 평범하고도 세상물정 모르는 순진한 아이의 그것이라고밖에 설명할 길이 없었다.

당연히 불합격이라고 믿고 있었는데 이번에는 인터뷰 심사관이 불시에 학교로 인터뷰를 하러 왔다고 했다. 아이의 선생님은 물론이고 아이와 잘 어울려 다니는 친구들을 개별적으로 만나고 갔다는 것이다. 참 희한한 일이었다. 미국의 국가안보국이 그렇게 한가한가? 물론 돈을 주고 인터뷰 심사관을 고용한다는 말도 들었던 터라 꼭 국가안보국 직원이 인터뷰했는지는 알 수 없는 일이었다. 하지만 고등학생 인턴사원 한 명 뽑는데 학생의 선생님과 친구들을 만나러 학교까지 와서 직접 인터뷰해야 할 이유가 있을까? 참 희한한 경험이긴 했다.

그러고 또 얼마가 지났다. 이번에는 거짓말 탐지기로 개별검사를 한다는 통지가 왔다. 엥? 거짓말 탐지기? 정말 어이없는 일이었다. 우리 중 아무도 이런 기계를 이용해 직원을 뽑는다는 말을 들어본 적이 없었다. 설마 거짓말 탐지기로 사람을 판단할 리도 없을뿐더러 또 말하지만, 굳이 이런 검사까지 해가며 고등학생 인턴을 뽑을 이유가 있을까? 평생직장을 구하는 어른도 아니고 단지 몇 달 일할 곳을, 특히 우리 아이는 그저 대학입시를 위해 스펙을 쌓으려는 목적으로 지원했을 뿐인데…. 이렇게까지 어렵게 그리고 어이없는 검사를 통해 합격하면 과연 무엇을 얻을 수 있을까? 모두가 살짝 회의감이 들었지만 결국, 아이는 거짓말 탐지기 검사를 받으러 그 기관에 갔다.

거의 3시간가량을 협소한 장소에서 YES 또는 NO로 대답했는데, 나중에 알고 보니 그 안에 거짓말이라는 전기 반응이 나오면 바로 탈락했을 것이라고 했다. 예를 들어, 같은 질문을 반복했는데 다른 대답을 하면 거짓임이 탄로가 나는 시스템이었다. 마약을 한 적이 있는지? 혹은 가족이 언제 미국에 왔는지? 한국에 있는 친척 중에 북한으로 간 사람이 있는지? 같은 민감한 부분도 물어봤다고 한다. 그 대답이 다르면 탈락하는, 거짓말 탐지기는 일종의 게임 체인저 같은 역할을 한 것 같았다.

거의 1년여에 걸쳐 이러한 과정들을 밟고 지루한 기다림 끝에 아이는 합격 통지서를 받았다. 코로나19 이후 하워드 카운티에서는 우리 아이 단 한 명만이 그 기관 인턴으로 뽑혔다고 한다. 모두가 생소한 일이었지만 학교에서는 많은 축하를 해주었다.

그렇다면 학생이 언제, 어떻게 일을 하고 급여를 받는지 궁금할 것이다. 나도 그 점이 아주 궁금했다. 지옥 같았던 11학년이 끝나고 원서를 쓰기 시작해야 하는 12학년이 되면서 학교 일정표가 나왔다. 한국의 대학처럼 교양과목과 선택과목이 있는데, 12학년 때 꼭 들어야 하는 교양과목이 영어 외 몇 과목이 있고 모두 오전에 끝났다. 그러면 아이는 11시에 학교에서 출발해 약 30분 거리에 있는 기관으로 일하러 갔다. 12시부터 4시까지 하루에 4시간씩 일주일에 20시간을 일했다. 급여는 시간당 16달러(미국의 최저임금이 16달러고 한화로 환산하면 하루에 4시간 일하니까 약 10만 원 정도)로 고등학생 임금으로는 결코 낮은 금액이 아니었다.

기관에 들어가면서 가방은 작은 사물함에 넣고 휴대전화는 따로 한곳에 보관해 인턴 일을 하면서 개인적인 일은 할 수 없다고 했다. 그곳에서 무슨 일을 했는지는 가족에게도 절대 금기사항이라 지금까지도 아이는 말을 하지 않아서 알지 못한다. 아빠 나이 사람들이 자기에게 잘해주고, 특히 상사들이 한국 문화를 좋아하는 것 같다고만 했다.

그곳에서 일하면서 만약 메릴랜드 근처 대학으로 학교를 정하면 전액 장학금은 물론이고 졸업 후에 반드시 그곳에 다닐 수 있도록 해주겠다는 약속을 받았다. 만약 대학에 가지 않는다면 고등학교 졸업과 동시에 그곳을 직장으로 정해도 좋다는 말까지 들었다. 그야말로 고등학생이 누릴 수 있는 모든 혜택을 받을 수 있다는 점에서 아주 훌륭한 조건이었다.

그중에서도 다행인 건 1년여 동안 우리 집안을 샅샅이 조사했다는 점이다. 우리에게는 미국에서 살 수 있다는 확실한 보증을 받은 셈이나 마찬가지였다. 어떠한 직장을 가더라도 이곳에 다닌 경력으로 따로 검증받을 일이 없어졌다. 미국에서 살다 보면, 특히 지금처럼 트럼프의 반이민 정책으로 이민자의 삶이 불안함의 극치를 달리는 시점에 가족 중 누군가가 이런 기관에 다녔다는 사실 하나만으로도 안전한 생활을 보장받는 기분이 든다. 그때는 가족 전체를 조사받아 기분이 썩 좋지 않았는데, 지금 시점에서는 공짜로 안전하게 신용을 얻은 게 되어 오히려 다행이라 생각된다.

9
-
12학년에 벌어진
자동차 전복사고

여느 때처럼 퇴근 준비를 하고 있던 참이었다. 휴대전화에 귀여운 미소를 띤 사진 속 아들의 전화벨이 울리는데, 뭔가 평소와는 분명 다른 느낌이었다. 그때쯤이면 막내는 집에 도착하고도 남는 시간이었다. 집에 와서 강아지를 산책시키거나 12학년이 되면서 함께 시작된 정부의 일이 힘들다며 소파에 널브러져 있을 시간이었다. 가끔 내 퇴근 시간에 맞추어 전화해서 귀여운 목소리로 무언가를 부탁하는 일을 빼고는 참으로 드문 시간대의 전화라 순간 당황했다.

실은 하마터면 전화기를 놓칠 뻔했다. 급하게 마무리 작업을 해야 했지만, 왠지 전화를 받아야 할 것 같은 다급함이 분명 느껴졌다. 그런 순간적인 느낌에 당황스러웠지만 나는 차분하게 전화를 받았다. 아들의 첫마디는 이랬다.

"엄마, 나 살았어요."

살았다고? 뭐가 살았다는 건지, 그럼 죽을 뻔했다는 이야기인가? 한국말이 조금 서툴지만 이렇게 앞뒤 맥락 없이 말하는 아이는 아니었기에 순간 너무도 놀랐다.

"응? 살았다고? 무슨 말이야? 네가 살았다고? 그럼 사고가 났어?"

"네. 사고가 났어요."

"다… 다쳤어?"

"아니, 전 살았어요(더 차분한 목소리다)."

"음… 그래… 그럼 다행이고. 지금 어디야?"

"학교 앞 우리 테디 병원 앞이에요."

"알았어. 엄마 지금 가는데 어떤 상황인지 말해 봐."

"경찰이 뭐라 하는데….

"그럼 일단 경찰하고 대화하고 있어. 엄마가 지금 출발하니까. 다시 통화하자. 일단 떨지 말고 잘하고 있어."

말로는 이렇게 아들을 안심시켰지만, 잠깐의 통화만으로도 내 가슴이 너무 두근거려 금세 심장이 터질 것 같았다. 다리는 심하게 흔들리고 있었다. 열일곱 살이 지난 지 얼마 되지 않았고, 운전을 시작한 지 한 6개월 정도 되어서 아이는 운전의 감을 이제야 조금씩 잡아

가고 있던 참이었다. 새 학기가 시작된 지 일주일 되었고, 인턴을 시작한 지는 이제 4일 차였다. 아이로부터 고속도로를 타야 하는 출근길 운전이 힘들다는 말을 여러 번 들었던 참에 이런 사고가 터진 것이었다.

학교 수업 도중 인턴 일을 하러 가야 하는 아이는 친구들과 일정이 달라서 시간이 없다며 힘들다고 말했다. 하지만 그 시그널을 단박에 무시한 건 얄팍한 부모의 욕심에서 비롯되었다고밖에 할 수 없다. 심히 미안하면서도 1년간 공들인 일이라 쉽게 포기하라는 말을 못 하고 아들의 하소연을 나약한 아이의 징징거림으로만 여겼었다. 마치 어설프게 어물쩍 넘어가려는 속셈을 들켜버린 듯해서 그 또한 마음이 좋지 않았던 참이었다.

사고란 어찌 이런 어설픔과 단호함의 경계에서만 일어나는 것인지 모르겠다. 어설퍼 하는 마음을 스리슬쩍 넘어가지 못하게 하고 기어이 상처가 나게 하는지. 안 그래도 무거운 마음에 이렇게 세차게 칼을 그어대는지. 삶의 무게란 정말 예측을 불허하는 일이다. 모든 게 내 탓만 같았다. 사고 현장으로 가는 10분 동안 해서는 안 될 오만가지 상상과 함께 죄책감에 시달리다 기어이 뜨거운 눈물을 흘리고 말았다.

보통 10분이면 도착하는 거리가 걱정과 함께 달리니 1시간도 넘는 것처럼 느껴졌다. 별의별 상상을 다 하며 가서인지 멀리서 바라본 사고 현장 모습은 오히려 한가로워 보였다. 4차선 교차로에는 경찰차 몇 대와 여기저기 사람들이 모여 있었다. 하지만 차 세 대가 얽힌 대형 사고라고 하기에는 너무나 한적하고 일이 순조롭게 진행되는 모습이었다. 순간 내가 장소를 잘못 알고 왔나 싶은 의심이 들기까지 했다.

아들은 나를 보자마자 크게 안도하는 눈치였다. 하지만 경찰이 찌그러진 아들의 차를 다른 쪽으로 이동하라는 말을 몇 번 하는 것 같은데 사고로 정신이 없는지 허둥대고 있었다. 경찰의 재촉에 "내가 이동하겠다"라고 하니, "왜 당신이 하냐"며 나를 쳐다보았다. 어디에서 그런 배짱이 생겼는지 나도 모르게 경찰을 향해 소리를 질렀다.

"내가 엄마고, 내 아들이 지금 다리가 떨려서 운전을 못 하니 내가 하겠다고!"

순간 경찰이 놀랐나 보다. 작은 목소리로 오케이 사인을 보내왔다. 아들의 차를 한쪽으로 빼고 내려서 현장을 찬찬히 둘러보았다. 사거리에서 좌회전하는 아들 차의 조수석 뒤 옆구리를 반대편에서 직진하려던 상대방 차가 들이받은 후 아들 차 옆에 있던 차를 또 한 번 2차로 들이받은 사고였다. 운전석 뒤를 박혀서 문이 모두 찌그러지고 뒷바퀴가 틀어져 옆길로 빼는 잠깐 사이에도 아들 차는 도로를 심하게 긁는 요란한 소리를 냈다. 아들 차를 박은 상대방 차는 정면이 박살 나면서 모든 에어백이 터지는 바람에 다른 차의 운전석 문을 부딪치고 있는 모습으로 정지화면처럼 서 있었다.

그림으로만 보면 어마어마한 대형 교통사고다. 일단 세 대의 차가 널브러져 있는데 한 대는 거의 폐차 수준이 되었을 뿐 아니라 노란색 기름이 도로에 흘러내리고 있어서 위험해 보였다. 아들 차는 뒷좌석이 모두 찌그러져 움직이지 못하고, 앞이 거의 전소된 소형차는 다른 차와 부딪쳐 있는 처참한 모습이었다. 거기에 경찰차 네 대가 여기저기에서 사이렌을 울리며 모든 교차로를 막고 있으니, 누가 봐도 혀를 쯧쯧 찰 정도의 대형 사고임이 분명했다.

이런 끔찍한 광경의 한가운데 내 아들이 속해 있다니! 무서울 수밖에 없는 찰나에 길가 한쪽에서 왁자지껄 웃음소리가 들렸다. 이정도 교통사고라면 너나 할 것 없이 심각하게 화난 표정으로 고성을 지르며 자신의 행위의 정당함을 어필하려고 하는, 뭔가 심상치 않은 상황으로 치닫기 마련이다. 하지만 이건 달라도 너무 다른 모습이라 당황스럽지 않을 수 없었다.

통상적으로 목소리 큰 사람이 이긴다는 한국의 교통사고 현장을 생각해보았다. 일단 사소한 접촉 사고라도 뒤차가 내 차를 받으면 반드시 목덜미를 잡고 차에서 나와야 한다. 소리소리 지르면서. 이는 온갖 드라마가 똑같이 보여주는 장면이다. 내가 잘했든 잘못했든 상대방보다 큰 소리로 말해야 상대방을 제압할 수 있다고 생각하기 때문이다.

지금도 그러는지는 모르겠다. 블랙박스가 보편화해 사람의 주장을 카메라가 무색하게 할 수 있으니 말이다. 그래도 내가 아는 한국에서는 사고가 나면 먼저 경찰을 붙잡고 잘잘못을 따진다. 마치 경찰이 현장에서 심판의 역할을 한다고 생각하는 듯이. 물론 경찰의 보고서가 사건 처리에서 큰 역할을 하는 건 맞는다. 하지만 경찰은 사고 현장의 정확한 경위를 관찰하고 기록하는 역할을 하는 사람임을 잊은 처사가 아닌가 싶다. 나 또한 그런 생각을 지금까지도 마음속에 간직하고 살았나 보다.

막상 이런 상황에 처하고 보니 경찰을 보자마자 신경질적으로 대하게 되었다. 어떤 상황인지 자세히 모르면서도 표정이나 자세로 사고를 낸 사람에게 지지 않겠다는 굳은 결의를 보이는 게 당연한 일이라 생각했다. 축제 분위기가 되리라고는 상상할 수도 없었다. 아이가 이렇게 큰 사고를 당했는데 이게 웃고 떠들 일인가? 경찰에게 조금이라도 유리하게 증언해야 할 것 같은 마음에 머릿속이 복잡해졌다. 그래서 아들이 경찰에게 곧이곧대로 조용히 이야기할 때 내심 속상해하고 있었던 것이 사실이다.

물론 심히 다른 미국인들의 두 얼굴을 감안해야 한다. 웃고 있는 친절한 미국인이 뒤에서 어떠한 얼굴로 나쁜 일을 꾸밀지 모를 일이기 때문이다. 미국인들의 국민성을 따져볼 때 한국인과는 정반대인 경우가 많다. 일이 생기면 그 즉시 대면하고 해결하려는 것이 인간적인 모습이라고 생각해 오히려 가산점을 주는 한국인의 정서와 그들의 정서는 판이하게 다르다. 미국인은 뒤에서는 욕을 하든 뭐라 하든 사람이 보는 앞에서는 웃는 얼굴로 대한다. 그것이 좋은 매너라고 생각하는 문화다.

그래서 한국인은 다혈질이지만 뒤끝이 없는 반면, 미국인은 조용히 사건을 대하지만 앞과 뒤가 다른, 뒤끝을 알 수 없는 사람이라고들 한다. 이번 같은 경우에도 바로 뒤돌아 차를 타고 보험회사에 클레임을 걸어 잘잘못을 철저하게 따져 사건을 처리할 게 불 보듯 뻔했다. 우리 또한 차를 타자마자 병원으로 향했고, 보험회사에 전화를 걸어 클레임을 걸었다. 다행히 아들은 경직된 목덜미를 제외하고는 큰 이상이 없다는 결과를 받아 안도하며 가슴을 쓸어내렸다.

그 뒤로 아들 차는 폐차하고 작고 아담한 차를 다시 구매했다. 문제는 그러지 않아도 소심한 성격의 소유자인 데다 아들이 전적으로 잘못한 상황이다 보니 한동안 운전대 잡는 것을 무서워했다는 것이다. 먼 거리는 가지 못하고 학교와 인턴 일을 하는 곳까지만 간신히 운전하고 다녔다. 지금도 대학에서 돌아오면 운전을 먼저 걱정하는 걸 볼 때 한 번 겪은 트라우마가 오래 가는 듯하다. 원서를 쓰고 에세이를 써야 하는 중요한 시점에 차 사고가 나서 그만큼 집중하지 못한 게 못내 아쉬웠다. 하지만 그 또한 반드시 지나가는 일이고, 차가 폐차되었을 정도인데도 젊어서인지 몸에는 이상이 없는 게 아마도 천운이지 싶다.

10
-
두 개의
아 이 비 리 그 홈 런

막내는 수시로 컬럼비아대학에 원서를 냈다. 큰아이도 컬럼비아대학에 도전해 고배를 마셨고, 둘째는 하버드대학교에 원서를 냈다가 디퍼를 받았다. 막내 또한 디퍼를 받았는데, 디퍼는 불합격이 아니라 정시에 넣는 학생들과 다시 경쟁하는 것이고, 디퍼 후에 스펙을 얼마나 업그레이드 하느냐가 중요하다는 사실을 알았다. 그런 사실도 모르고 디퍼를 불합격이라 생각해 우리는 더는 아무런 노력도 하지 않았었다. 막내는 더 좋은 작품으로 업그레이드하기 위해 독특한 비디오 작품을 만들었고, 새로운 봉사활동도 전력을 다해 추가로 업그레이드하는 등 성의를 보였다.

　수시 결과를 기다리는 동시에 막내는 정시에도 원서를 넣었다. 총 열네 개 대학, 아이비리그는 물론 중간 순위에 해당하는 학교, 가까운 주립대 그리고 가장 안전하게 합격할 수 있는 학교까지 다양한 대학에 원서를 내고 결과를 기다렸다. 기다리는 동안에도 학교 성적은 유지하면서 정부의 인턴 일에도 매일 하루도 거르지 않고 성실히 임했다.

　드디어 4월 1일, 모든 아이비리그 대학의 합격자 발표가 있었다. 합격자 발표할 때의 순간을 비디오로 찍어 합격의 기쁨을 평생 기록으로 남기고자 하는 이들이 많다. 우리 또한 막내의 합격 장면을 생생히 녹화하기 위해 내가 아이 옆에서 비디오카메라를 들고 만반의 준비를 하고 있었다. 태연하고 무심하게 카메라 키를 툭툭 누르는 막내를 보고 있는 우리가 더 떨렸다. 하지만 하필 처음에 합격자 발표를 한 학교와 두 번째 학교 모두 불합격해 비디오를 들고 있던 나는 그만 소파에 주저앉고 말았다. 하지만 다행히 세 번째 학교부터는 연속으로 합격 통보를 받아 합격의 기쁨을 맛봤다. "Congratulations!"라는 말이 맨 처음에 쓰여 있으면 합격이라는 뜻이다. 우리는 서로 얼싸안고 기뻐했다. 아들은 전에는 본 적 없던 환하고 빛나는 얼굴로 기쁨의 세러머니를 했다. 열네 개 학교 중 일곱 개 학교에서 합격 통지서를 받았고, 나머지 일곱 개의 학교에서는 디퍼나 불합격 통보를 받았다. 결국, 컬럼비아대학은 불합격이었지만 나중엔 더 잘된 일이 되었다. 이래서 운명은 이미 정해져 있는 게 아닌가 하는 생각을 하게 되나 보다. 막내는 아이비리그 중 두 학교에서 합격 통보를 받았다.

하나는 펜실베이니아대학교University of Pennsylvania이고 또 하나는 브라운대학교Brown였다. 특히 펜실베이니아대학교(유펜)에서는 합격 통지서만 보낸 게 아니라 왜 이 학생이 꼭 이 학교에 와야 하는지 그 이유를 담은 편지를 직접 따로 보내왔다. 첫 번째 이유는 학생이 인턴으로 정부의 일을 했다는 데 흥미가 있었고, 두 번째는 유명한 미술 대회에서 상을 세 개나 수상했다는 데 경이로움을 느꼈고, 세 번째는 독특한 봉사활동 이력을 꼽았다. 독특한 봉사활동이란 'Signa'라는 비영리기관Non Profit Organization에서 수어로 미술을 가르치는 고등학생들 그룹의 리더로 활동한 이력이었다. 펜실베이니아대학은 아이가 그곳에서 좋은 모습을 보여주어 높은 점수를 준다며 유펜으로 꼭 오기를 바란다고 편지에 적어서 보냈다.

하지만 브라운대학교는 더 다른 점이 있었다. 브라운만 합격한 게 아니라 미국에서 최고의 미술대학인 리즈디RISD에도 합격한 것이다. 즉, 하나의 대학에서 복수전공을 하는 것이 아니라 동시에 두 학교에 다니면서 두 곳에서 전공이 다른 졸업장을 받을 수 있는 5년제 듀얼 프로그램에 합격한 것이다. 이는 전 세계에서 단지 열다섯 명만 뽑는다는 어마어마한 프로그램으로 미술을 하는 아이들에게는 꿈의 학교이자 꿈의 프로그램이다. 기대 이상의 성과였다.

브라운대학교에만 합격하는 것도 어려운 일인데, 미국 최고의 미술대학에 동시 합격한 것은 가문의 영광이라 할 일이었다. 정확한 전공을 정하지도 않은 상태에서 유펜이나 브라운에 원서를 넣었기 때문에 학교마다 어떤 전공이 좋은지, 학교 분위기는 어떤지, 우리 아이와 잘 맞는 학교인지 알아보기로 했다. 먼저 집에서 가까운 유펜을 방문해보기로 했다.

유펜은 미국 대학 순위가 아주 높다. 2025년 기준으로 존스 홉킨스와 함께 6위를 기록했고, 한국에서 흔히 알고 있는 와튼스쿨이 바로 유펜에서 가장 유명한 비즈니스 스쿨이다. 메릴랜드에서는 1시간 반 정도 거리라 가깝다는 이점이 있기도 하고 순위도 좋아서 난 아이가 유펜으로 정하기를 은근히 기대했다.

하지만 유펜의 분위기는 우리 아이와는 사뭇 거리가 있어 보였다. 굉장히 도시적이고 학생들 사이에 친화력이 있어 보이지 않는 느낌이랄까? 시골에서 사는 우리로서는 친근감보다는 차가운 분위기를 느꼈다. 특히 학교 근처에 세계적으로 유명하고도 불명예스러운 마약 거리가 있다는 점이 커다란 단점으로 다가왔다.

브라운대학은 로드 아일랜드라는 주에 위치해 집에서는 6시간 정도 떨어져 있다. 브라운이라는 이름이 부드러운 이미지를 풍기듯, 실제로도 조그맣고 귀여운 강아지 이미지처럼 조용하고 한적한 시골 동네에 자리 잡고 있었다. 우리 아이의 성격과 많이 닮아 있었다. 그 바로 옆에 리즈디 대학이 있어 두 학교를 동시에 다닌다고 해도 거리상 같은 학교에 다니는 듯한 느낌이 들 듯했다. 캠퍼스를 공동으로 사용하는 것 같은 느낌마저 들었다.

학교마다 독특한 특성이 있다는 말이 딱 맞았다. 만약 막내가 뉴욕의 한복판에 있는 컬럼비아대학에 다닌다면 왠지 어색한 기분이 들 것 같았다. 하버드나 예일처럼 더 오래된 대학 또한, 미술을 하는 아이의 편에서 보면 자유롭지 않은 분위기일 것 같았다. 수시에 원서를 넣었던 컬럼비아에 합격했다면 정시에 원서를 넣은 브라운과 리즈디 대학을 동시에 다닐 수 있는 듀얼 프로그램엔 합격하지 못했을 것이다. 컬럼비아에 불합격한 것이 오히려 너무도 다행인 일이 되었다.

우리 가족 모두는 브라운에 더 마음이 끌렸다. 브라운과 아이의 성향이 찰떡처럼 맞아떨어졌다고나 할까? 그런 묘한 기분을 어쩔 수 없이 느끼게 되었다. 돌아오는 길에 암묵적인 결정을 내린 우리는 학교마다 개설하고 있는 전공과목을 더 집중해서 알아보기로 했다. 역시나 유펜은 비즈니스 쪽에 강세를 보이는 학교였고, 브라운은 역사 쪽에 더 강세를 보였다. 우리 아이는 미술과 역사를 접목하는 그러한 과를 원했기 때문에 브라운에 설치된 국제관계학이 더 맞겠다고 생각했다.

국제관계학을 전공하려면 각 나라의 역사와 경제 그리고 모든 연결 고리를 꿰뚫고 있어야 함은 물론, 사회적인 관계 맺기에도 상호 작용할 수 있는 능력이 있어야 한다. 그런 의미에서 각 나라, 특히 아시아 역사에 흥미가 있는 아이의 성향에 딱 부합되는 전공으로 받아들여졌다.

특히 아이가 좋아하는 미술도 전공할 수 있다는 점이 무엇보다도 중요했다. 세계적인 미술대학인 리즈디에서 미술 하나만 전공한다는 것도 쉽지 않은 일일 텐데, 동시에 브라운에서 국제관계학을 전공한다는 건 그만큼 더 어려운 일일 것이다. 하지만 그만한 능력이 있으니 합격시켰으리라 생각하며 안심하고 브라운으로 최종결정했다.

아이는 1학년은 리즈디에서 미술에 집중하고, 브라운에서는 필수 과목 수업 하나만 들었다. 1학년을 마치면 전공을 정해야 하는데, 그래픽, 건축, 금속 등 리즈디의 여러 전공 중 가구 제작에 관심이 생겨 가구디자인과로 전공을 정했다. 2학년 때 전공을 바꿀 수 있다고 하니 아직 확실히 정해진 것은 아니다. 브라운에서는 국제관계학과 동아시아 역사학을 복수 전공하기로 했다. 리즈디도 다녀야 하니 스케줄이 너무 벅차지 않느냐? 라고 물으니 그저 조용히 "해봐야죠" 란다. 참 멋지다면 멋진 대답인데 내가 아는 막내는 아마 스스로 리서치를 많이 하고 내린 결론일 것이었다. 그만큼 주어진 환경에서 최대한 열심히 해 꼭 잘해내리라 믿어 의심치 않는다.

듀얼 프로그램은 열다섯 명이 정원이지만 그마저도 열네 명만 뽑았다. 그중 60~70% 정도가 아시아인이라고 한다. 그만큼 아시아인의 위상이 높아졌다는 것을 의미한다. 미술대학 아이들 또한 동양인이 많은데, 그 속에는 미술 천재들이 너무 많아 살아남기 어려웠다는 말로 아이는 공부의 어려움을 대신했다.

아이는 학교에서 단 1달러도 지원받지 못했다. 기숙사비 포함 9만 달러라는 어마어마한 금액이 한 학년 학비다. 계산해보니 여름방학 석 달을 빼면 한 달에 1만 달러 이상을 내고 학교에 다니는 셈이었다. 6시간 거리에 학교가 있어 아이를 자주 볼 수는 없지만, 다행히 학교 바로 앞에 기차역이 있어서 아이는 두 달에 한 번꼴로 집에 왔다. 이유는 엄마 아빠가 보고 싶어서가 아니라 친하게 동생이라 여기는 강아지 댕댕이를 보기 위함이었다. 참 입맛이 씁쓸해지는 이유다.

이번 여름방학에 집에 와서는 온갖 나무를 자르는 간단한 기계들을 구매하더니 검도에 쓰이는 훈련대를 직접 만들어 운동하는 모습을 보였다. 대견한 일이 아닐 수 없었다. 결국, 자기가 원하고 재미있어하는 것을 열심히 하면 누구도 그 사람을 따라갈 수 없다는 걸 내 아이들을 통해 알게 되었다. 공부도 재능이고 미술도 재능이다. 두 가지를 동시에 할 수 있는 것 또한 막내의 재능이다.

귀하디귀하게 태어난 아들. 위로 누나가 둘이 있으면 누나들의 등쌀이나 보호를 받아 아이는 어리게 행동한다고 한다. 내리사랑이라고 부모도 그저 이쁘게만 키워 아이가 버릇이 없다는 말을 많이들 한다. 우리 집 또한 그랬다. 공부는커녕 게임만 하는 아들을 보고도 '저러다 그만두는 날이 있겠지' 하며 느긋한 태도를 보였던 게 사실이다. 하루에 꼭 해야 할 음악 연습을 안 해도 죽고 사는 문제가 아니라며 슬며시 넘어가는 일도 다반사였다. 큰아이나 둘째는 나의 그러한 행동을 보며 엄마가 많이 변했다고 말했지만 난 크게 신경 쓰지 않았다. 나 또한 아이 셋을 키운 육아 베테랑이 되어있는 데다 위의 아이들을 키울 때처럼 체력이 뒷받침해주지 않았기도 했다.

그랬던 막내가 아이비리그라는 홈런을 두 개나 날려주었다. 얼마나 다행스럽고 또 자랑스러운지 경험해보지 않은 사람을 알 수 없는 마음일 것이다. 특히 이민자로서 인종이 다르다는 낙인을 안고 살아가야 하는 미국 땅에서, 그것도 무서운 남자들 사회의 경쟁에서 살아남으려면 무엇보다도 대학이라는 네트워크가 절실하게 필요하다는 게 이 땅에 살면서 뼈저리게 느끼는 부분이다. 딸들은 어디에 내놓아도 살아남을 수 있는 정신력이 있는 데 비해 내 치마 뒤에 숨어 조용히 지내는 아들의 성향은 못내 내 마음을 언짢게 했었다. 그랬던 아이가 자신이 원하는 학교에 합격했을뿐더러 하고자 하는 공부를 원 없이 할 수 있다는, 희망찬 미래가 있음에 감사 또 감사하는 마음이다.

일요일마다 열리는
떡볶이 의식

1
-
우리 집
주말 풍경

우리 집 주말은 일주일 중에서 가장 북적이는 날이다. 주말이 되면 조용했던 주중을 지나온 집은 온종일 왕왕 소리가 나고 시끌벅적하다. 사람 냄새에 살맛 나는 공간으로 바뀐다. 대부분 집이 그렇겠지만 우리 집은 가족 구성원의 동선이 살짝 특이할 수도 있어서 생기는 현상이다.

먼저 사업을 하는 남편은 뉴욕 본사에서 일하다 주말이 되어야 집으로 돌아온다. 아이들의 격한 환영을 받기 위해서라도 근무처를 옮기지 못할 정도다. 녀석들이 아빠를 맞이하며 치르는 환영 의식은 집 안 온도를 바꾸어 버리기에 충분하다. 오자마자 남편은 청소기를 돌리기 시작한다. 청소기는 녀석들의 환영 소리만큼이나 힘차게 쌓인 먼지를 흡입한다.

미국의 삐걱대는 낡은 아파트에서 어린 아이들을 안거나 업고서 무거운 청소기로 카펫을 미는 내 모습이 안되어 보였었나 보다. 그때 처음 남편이 시작했던 청소기 돌리기가 지금까지 이어져 오고 있다. 이제는 아빠가 힘들어 보이는지 틈만 나면 힘센 아들이 바통을 이어받겠다며 야단법석이다. 강아지들도 컹컹 소리를 내며 굉음 소리를 내뿜는 청소기를 피하느라 바쁘다. 그러면 난 또 청소기를 돌리는 아들이 안쓰러워 화장실 청소라도 한다며 고무장갑을 끼고 소란을 이어간다.

한국의 아이들과 달리 미국의 아이들은 천국행 열쇠를 쥐고 태어난 건지 학교에서 돌아오면 반려동물들과 몇 시간씩 함께한다. 학점은 겨우 신경 쓰는 정도에서 그친다. 교육적인 면만 보면 미국의 앞날은 밝아 보인다.

미국에는 학원이라는 개념도 없고 공부하고 싶은 학생은 공부하고 싶은 대로, 다른 열정을 가진 학생들은 또 그대로 각자의 성격과 특성에 따라 재능을 살리면 그뿐이다. 남들의 시선을 그리 상관하지 않기 때문이다. 획일적이고 유행의 속도가 빠른 사회와 비교해볼 때 리버럴한 의식과 다양한 사고의 추구는 자유로운 사회에서만 가능하다.

세 아이의 주말은 어른들의 주말과 별반 다르지 않다. 고등학교에 다니던 막내아들은 학교에 다니느라 힘들었던 주중을 보상받으려고 하는 듯 주말에는 보통 아주 늦게까지 잠을 잤다. 아이들의 주말 기상 시간은 따로 없다. 보통 낮 11시에서 12시쯤 일어나 느릿하고 한가하게 주말을 함께 보낸다.

큰아이는 고등학교를 졸업하고 멀리 떨어진 곳의 대학에 가면서 자연스럽게 독립했다. 둘째는 인턴으로 일하는 곳이 워싱턴 DC지만 시끌벅적한 주말엔 합체가 된다. 금요일이 되면 직장 일이 끝나기가 무섭게 집으로 달려온다. 집밥이 그리운 아이가 난 또 그리 고맙다. 같이 사는 막내는 아들이라 그런지 딸처럼 엄마인 나와 재잘거리는 맛이 없다. 타인의 등장으로 강아지들이 소란스럽게 짖어대지 않으면 주중에는 적막강산이 따로 없다. 그런 주중의 삶에서 백팔십도 바뀌는 주말의 소란스러움이 얼마나 행복함을 느끼게 하는지. 지금도, 나중에도 잊지 못할 소중한 장면일 테다. 뉴욕에 있는 큰아이까지 오면 완전체 가족이 되는 추수감사절이 일찌감치 기다려지는 요즘이다.

누구나 이렇게 말한다. 인생 뭐 있냐고, 사는 게 다 고만고만하다고, 살다 보면 다 똑같아지는 게 사람 인생이라고.

맞는 말이다. 한국이나 미국이나 세계 어디서나 사람 사는 건 다 똑같다. 어디에서 살던 인생은 어차피 혼자 개척하며 사는 것이니, 그 인생을 누구와 함께하느냐가 중요할 터. 지금은 스스로 청소의 달인이라 말하지만, 한국에서 10년을 사는 동안 남편은 청소와는 거리가 먼 사람이었다. 부부가 싸우고 밖으로 나가도 1시간 이상 머무를 곳이 없을 만큼 밤 문화가 발달하지 못한 나라에서 한 20년 살다 보니, 행복하게 살려면 무거운 청소기라도 스스로 들어야만 한다는 걸 터득한 듯하다.

미국 땅에 떨어진 아이들은 얼굴색과 언어가 다른 채로 성장기를 거쳤다. 그러면서 느껴야 했던 다름을 밖으로 표현하지 못하고 그저 가족의 힘으로만 아픔을 견뎌내야 했다. 지금도 아이들은 성장 중이다. 미국에서 살면서 달라질 수밖에 없었던 그들 인생 퍼즐에 내 노년의 삶까지 투영된다면 난 그들의 어깨를 어루만지며 '대견하다'라고 말해주고 싶다. 이민은 부모의 결정이었으니 남편과 나는 즐거운 일, 슬픈 일, 속상한 일, 기분이 좋지 않은 일 등을 모두 둘이서 감내해야 했다. 결정에 대한 책임도 마땅히 져야 했다. 그래서 이민 1세대의 아픔에는 타국 생활의 힘듦도 있지만, 책임에 따른 인내 또한 포함된다.

하지만 이민 2세대의 아픔은 또 다르다. 이민 2세들은 집에서는 자기 뿌리의 언어를 사용한다. 대신 학교에서는 자신이 사는 땅의 언어를 빠르게 습득하고 흡수해야 살아남을 수 있다. 동시에 자국의 언어가 아닌 이민 온 땅의 언어가 미숙할 수밖에 없는 1세대 부모를 챙겨야 한다. 그러다 보니 본래의 자신보다 어른스럽게 사회 속에서 처리해야 할 일들이 적지 않다.

학교에서 일어난 일을 부모에게 알리면 안 된다는 걸 아는 2세들은 스스로 그 일을 처리해야 한다. 그렇게 혼자라는 아픔을 이겨내며 살아간다. 미국인이라면 응당 누릴 수 있는 사회생활을 포기하게 되기도 한다. 그렇게 변방에 속한 서러움도 이겨내야 한다. 그 방법을 터득해야 살아남을 수 있다는 것도 배워 나간다. 누군가가 가르쳐주지 않으면 미처 알지 못하는 처신도 있다. 그래도 누구에게 하소연할 수도 없다. 아득한 외로움에 직면하며 과연 자신의 정체성이 무엇인지 고뇌할 수밖에 없는 날들도 수없이 많다.

반면 인종차별과 이민자로서의 아픔을 알게 되면서 또래 친구들과 비교해 빠르게 내적 성장을 이루게 된다. 그래서 누구보다 자립심이 강하고 뭐든 스스로 찾아내야 직성이 풀리기도 한다. 누가 알려주지 않아도 자신의 결정에 따른 책임도 져야 한다는 걸 자연히 알게 된다. 가족의 아픔이 밖으로 새어 나가지 않게 서로 어깨를 감싸기도 한다. 그렇게 생긴 가족애로 똘똘 뭉쳐 지난하기만 한 삶을 헤쳐나가기도 한다. 미국에서 이민자로 살아가는 부모와 자식이 겪는 아픔이 한국의 일반 가정과 다를 수밖에 없는 건 당연하리라. 아마 한국에 사는 이민자들의 혼란과 아픔도 이와 비슷하지 않을까 한다.

그런 것들을 알기에 밖에서 힘든 일이 있으면 서로 보듬어주고 함께 행복한 삶을 영위하기 위해 노력한다. 그들에게 힘이 되는 안식처는 결국 집이고, 이민자인 우리도 그 안식처에서 맛난 집밥을 해 먹으며 서로를 위로한다. 우리 집에선 20년째 '일요일 아침엔 떡볶이'를 먹는 의식(?)이 계속되고 있다.

　우리 가족은 떡볶이를 먹기 위해 일요일을 기다리는 듯싶다. 각자 정신없이 한 주를 보내다가도 일요일이면 식탁에 둘러앉아 모두가 좋아하는 떡볶이를 만들어 먹는다. 그러면서 각자 한 주간의 이야기보따리를 풀어놓는다. 각자의 위치에서 겪는 고뇌와 고민, 그리고 행복과 즐거움 등 사소한 이야기부터 진지한 이야기까지…, 일요일마다 떡볶이를 먹는 의식을 갖지 않았다면 우리가 과연 힘겨운 이민자 생활을 제대로 헤쳐나갈 수 있었을까.

　떡볶이와 함께한 아이들과의 소중한 시간이 끝나고 고요한 밤이 되면, 나는 뒷마당 너머 깊은 숲을 가만히 들여다본다. 숲과 잔디의 경계 언저리에 매일같이 풀을 뜯어 먹으러 오는 사슴 가족의 길이 어렴풋이 보인다. 다들 어디로 갔을까? 짝을 찾아 쩍쩍 울어대던 새들도, 심지어 가을을 재촉하듯 초저녁부터 울어대던 귀뚜라미의 칼칼한 울음소리도 어디론가 사라져 버렸다. 숲속 동물 모두 그들의 둥지로 돌아가 버린 자리에는 그저 컴컴한 암흑만이 존재한다. 온종일 힘들었을 세상의 모든 존재는 가정이라는 곳에서 편안한 휴식을 취하고 있으리라. 고요한 숲 언저리에 지친 나의 몸도 살짝 얹어야겠다.

2
-
일요일마다 벌어지는
떡볶이 토론

어김없이 돌아오는 일요일 아침이다. 이날에는 절대 변하지 않는 우리 집만의 전통이 있다. 긴 여행을 하고 돌아온 일요일에도, 크리스마스가 낀 일요일에도, 심지어 생일 당일인 일요일에도 어김없는 우리의 메뉴는 바로 '떡볶이'다. '일요일엔 짜~파게티'라는 어느 로고 송처럼 우리 집은 '일요일엔 빨간 떡~볶이'다.

시작이 정확히 언제였는지는 기억나지 않는다. 다만 한국에 있을 때는 일요일에만 음식을 했던 탓에 일요일 아침을 떡볶이로 정하지 않았나 싶다. 그러다 미국에 오고 매일 식사를 함께하는 시간이 많아졌다. 한국에 있을 때 특별히 한국 음식을 좋아하진 않았다. 오히려 양식을 더 선호하는 편이었다. 식사 준비를 하면서도 김치를 빼놓는 일이 잦았고 김치 없이 몇 달을 살아도 괜찮을 거라고 확신했었다.

하지만 나 역시 별수 없는 한국 사람이었다. 미국 땅에서 살다 보니 김치와 매운 음식에 대한 향수가 갈수록 심해졌다. 그렇다고 한국 마트에서 김치를 사 먹자니 가격이 만만치 않았다. 몇 번 사보려고 시도하다 나 혼자서 내 마음대로 김치를 담가 보았다. 인터넷이 발달하지 않은 때라 김치 담그는 법을 배울만한 곳이 없었기 때문이다. 그렇게 담근 김치는 한두 번은 먹을 만했지만 거듭되는 실패에 점점 자신이 없어졌다. 지금이야 마음만 먹으면 인터넷을 뒤져 잘 담가 볼 수도 있겠다. 하지만 이제는 직접 담그지 않고 조금씩 사서 먹는 게 낭비가 없고 오히려 돈이 덜 든다는 말로 어물쩍 넘어가고 있다.

그러면서 생각해낸 것이 떡볶이였다. 한국 음식은 먹어야겠고, 거창한 전통음식을 만들자니 재료비가 미국 음식에 비해 비쌌다. 매콤한 맛의 유혹도 충족시키면서 저렴한 음식으론 떡볶이만 한 게 없었다. 한인타운에서 사는 만큼 마트에 떡이며 고추장이며 떡볶이에 필요한 재료는 거의 다 있었다. 물론 그 당시에는 떡집이 없어서 한국에서 수입한 오래되고 차갑게 냉동된 떡볶이 떡뿐이었지만, 떡과 고추장만 있으면 얼추 흉내낼 수 있는 게 떡볶이였다.

떡과 함께 아이들이 좋아하는 스팸은 지금까지도 빠지지 않는 재료고, 매번 바뀌는 부재료는 그때그때 따로 준비한다. 큰아이의 중요한 시험 날이 다가오면 큰아이가 좋아하는 어묵을 듬뿍 넣고, 둘째에게 중요한 날이 다가오면 둘째가 좋아하는 소시지와 만두를 넣어준다. 그리고 가끔은 남편이 좋아하는 북어포를 넣기도 한다. 요즘엔 막내가 좋아하는 달걀을 넣어주는 날이 잦다. 본인들이 특별히 좋아하는 것들이 들어있어 골라 먹는 재미도 있지만, 그날의 주인공을 대접하는 특별한 날이 되기도 해서 음식으로 인한 추억이 소복소복 쌓여가고 있다.

떡볶이는 숱한 세월에도 여전히 대중적으로 사랑받는 메뉴다. 한 끼 식사 대용으론 조금 부족해 김밥 아니면 어묵이나 순대를 곁들여야 한다. 그러면 한 끼 식사의 역할을 톡톡히 해낸다. 한국에서 떡볶이는 귀한 음식도 아니고 특별한 날만 먹는 음식도 아니다. 한국에 있었다면 우리도 마찬가지였을 것이다. 하지만 미국에서 살다 보니 떡볶이는 우리에게 특별 메뉴가 되었다. 음식은 시대에 따라 장소에 따라 다른 대우를 받거나 다른 모습으로 나타난다. 특히 음식을 대하는 사람들의 태도가 그 음식의 가치를 가늠하는 척도가 되기도 한다.

내 이름을 불러주기 전엔 그저 이름 없는 들풀과 같듯, 고유성을 부여할 때 음식은 빛을 발한다. 그렇다면 우리 집 떡볶이의 위상은 어떤가?

이민 초반에 어른들 틈에서 떡볶이를 먹을 수 있는 큰아이는 동생들의 부러움을 샀다. 그렇다고 아주 매운맛을 뺀 덜 매운맛의 떡볶이를 만들어주는 건 떡볶이에 대한 예의가 아닌 듯싶었다. 그런 생각에 나는 무조건 매운 떡볶이를 만들었다. 못 먹으면 할 수 없는 일이지, 하면서. 큰아이를 부러워만 했던 둘째가 조금씩 매운 떡볶이 먹기를 시도하더니 고등학생쯤에야 제대로 된 떡볶이 사랑에 빠지게 되었다. 그러다 어느새 어른 대접과 함께 매운맛을 아는 한국인이 되어갔다. 희한한 건 떡볶이에 익숙해지는 시기와 아이들이 자기의 정체성을 찾는 시기가 비슷했다는 것이다. 음식을 통한 문화 습득이 그 어떤 행위보다 빠르다는 걸 느낀 순간이 되었다.

떡볶이를 먹으며 자연스레 한국에 관한 이야기, 각자의 일주일간의 이야기를 풀어놓곤 했다. 떡볶이를 먹는 시간은 한국인이란 정체성을 잃지 않게 해주는 원동력이 되었다. 어린 동생들은 그렇게 매운 음식을 먹으며 대화한다는 것 자체를 어른으로 인정받는 것으로 받아들였나 보다. 그러면서 자기들도 언젠가는 어른들의 대화에 동참할 수 있으리라 생각했었나 보다. 둘째는 떡볶이를 자연스럽게 먹을 수 있는 나이가 되면서 어른들의 대화에 합류했다.

떡볶이를 매개로 한국의 정치, 경제 그리고 한국의 미래에 대해 의견을 교환하고 나아가 이민 1세대의 아픔과 더불어 2세대의 고충도 함께 고민하는 대화의 장이 만들어졌다. 그 중심에는 역시 한국 드라마가 있었다. 한류의 높은 위상은 아이들이 쉽게 한국 문화를 접하는 발판이 되었고, 거기서 비롯된 자신감이 아이들의 어깨를 으쓱하게 했다.

그러다가 어른들(?)의 대화에 동참할 기회를 노리던 막내가 합류하는 시점이 되었다. 스팸이 빠지면 떡볶이가 아닌 듯 생각하고 있는 만큼 아직은 함께 한국을 논할 수 있는 수준은 아니다. 사춘기를 겪고 있는 나이라 예외조항이 하나둘 늘고는 있었지만, 일요일 아침 떡볶이를 먹는다는 우리 집 규칙은 어길 수 없는 것이었다.

딸들이 대학 기숙사로 들어가고도 일요일마다 떡볶이 먹는 의식은 달라지지 않았다. 우리는 막내만을 데리고도 훌륭히 그 전통을 이어갔다. 각자 기숙사에서 일요일마다 즐겨 만들어 먹던 메뉴가 떡볶이였던 딸들은 이제 친구들에게 떡볶이 전도사가 되었다.

떡볶이는 긴 여행을 하고 돌아온 다음에도 제일 먼저 찾는 음식이 되었다. 방학에 집에 돌아온 아이들이 제일 먼저 찾는 음식이 엄마표 떡볶이였으니 난 그저 고마울 뿐이다. 솔직히 나만의 레시피는 따로 없다. 이것저것 넣어보고 의견을 들어보니 역시 떡볶이는 오리지널 길거리표 쌀 떡볶이를 따라갈 수 없다는 결론에 이르렀다. 시중에서 파는 고추장에 웬만한 양념이 이미 되어있어서 나는 꿀만 첨가해 넣는다.

어느 가정이나 엄마만의 특급 메뉴가 하나쯤은 있다. 특급답게 거창한 메뉴들이 많을 것이다. 아귀찜일 수도, 어려운 갈비찜일 수도, 뭐 족발일 수도 있겠다. 아주 특별한 날 만들어 먹을 수 있는 메뉴를 서너 개쯤 가지고 있다는 것은 엄마로서 매우 큰 자산이다. 그런 의미에서 볼 때 나의 떡볶이는 특급 메뉴 축에도 끼지 못하는 소소한 음식이다. 특급이 아닌 늘 먹는 음식으로 전통을 논한다는 것도 우스운 일이리라.

우리에게만 특별한 그 음식으로 전통을 전수할 건 아니다. 그 음식을 먹으며 책을 읽고 토론하는 근사한 독서 모임을 만들 것도 아니다. 또한, 누구나 만들 수 있는 소박한 음식이다. 하지만 그런 떡볶이 하나로 가족의 사랑을 다지고 우리의 문화를 습득하고 함께 공유한다는 차원에서 결코 가벼운 음식은 아니다. 아이들의 친구들도 신기하게 생각한다고 한다. 참 별난 전통이지만 어느 가정이나 그들만의 전통과 규칙을 내세워 자신들만의 리그를 즐길 수 있지 않을까?

물론 점점 나이가 들어 소화 능력이 떨어지는데, 언제까지 매운 떡볶이를 먹을 수 있을지는 모르겠다. 우리 부부는 고사하고 아이들은 언제까지 먹을 수 있을까 싶어 막내에게 물어보았다. 결혼하면 떡볶이를 어떻게 해 먹을 거냐고.

"엄마한테 일요일마다 올게요. 떡볶이 먹으러."

"인마, 떡볶이 먹겠다고 일요일마다 엄마한테 온다고 하면 아내가 싫어할걸."

"그럼 뭐 제가 만들어서 아내도 주고 아이들도 줘야지. 엄마, 꼭 레시피 알려주세요."

아, 이래서 음식 문화가 대를 이어 전수되는구나 싶다. 타국에서 매주 먹게 된 떡볶이는 어쩌면 우리 가족을 지탱해준 커다란 원동력이었는지도 모르겠다. 왜 하필 매운 떡볶이였는지 가만 생각해본다. 먼저 떡볶이에는 다양한 재료가 들어가 있다. 그 재료마다 가진 특성을 버무리면 하나의 매운맛으로 승화된다. 각각의 재료는 자기 개성으로 때로는 조금 더 특별하게 대우받고 그 맛을 더 즐길 수 있게 해 우리를 행복하게 해주었다. 그리고 그 다름이 어우러져 하나의 맛으로, 한 가정의 빛나는 메뉴로 탄생했다. 그렇게 우리 가족을 앞으로 나아가게 해준 우리의 인생 떡볶이에 힘찬 응원의 박수를 보낸다.

3
-
떡볶이 토론 -
큰아이의 교우 문제

한국에 있을 때의 일이다. 지금 생각해보면 간이 배 밖으로 나와야만 할 수 있는 어이없는 일이었다. 하지만 그때는 누구나 그러려니 하는 사회적 분위기 속에서 그렇게 했다. 일곱 살 아이가 혼자서 버스를 타고 학교에 다녀도 위험하다는 생각을 하지 못한 그런 때였다. 학교가 끝나고 길거리표 떡볶이를 친구들과 먹고 왔다고 말하면 '참 잘했어요' 했으니 말이다. 미국에서 일곱 살짜리 아이가 혼자 버스를 타고 학교에 갔다고 하면 아마 아동학대로 감옥에 가고도 남을 일이다. 문화의 다름이 이런 데서 삐져나온다.

여느 때처럼 학교에 다녀온 아이가 친구들과 학교 운동장에서 놀기로 했다며 나가고 없는 사이 전화 한 통이 걸려왔다. 큰아이의 친구 엄마라고 소개하는데 목소리가 많이 상기되어 있었다. 자기 아이가 우리 아이의 전화를 받고 학교 운동장으로 갔는데 마음이 불안하다는 것이었다. 이유인즉 우리 아이가 왕따를 시키는 건지 학교에서 만나면 자기 아이의 실내화 주머니를 숨기거나 자기 아이의 공책을 친구에게 준다고 했다. 그렇게 자기 아이에게 나쁜 행동을 하고 있다고 했다. 그러다 오늘은 자기 아이를 불러내 싸움을 할 것 같다, 돌아오면 상황을 물어봐 달라, 잘 말해 달라, 라며 아이의 친구 엄마는 전화를 끊었다.

순간적으로 내 딸을 비난하는 그 엄마의 전화가 굉장히 불쾌했지만, 만약 이 내용이 사실이라면 부모로서 불안하고 힘들 거라고 이해했다. 만약 나라면 더욱 격앙되어 그렇게 차분하게 이야기하지 못했을 거라고 받아들였다. 아이가 돌아오고 어린아이지만 진지하게 대화를 이어 나갔다. 아이는 자신이 그 아이를 왕따시킨 게 아니다, 그 아이가 다른 친구에게 왕따를 당하는 게 불쌍해서 자기 친구들과 함께 만나 즐겁게 놀려고 했다고 말했다. 엄마인 나는 반은 믿고 반은 믿지 못하며 그 아이 엄마와 통화하면서 느꼈던 생각들을 솔직하게 말했다.

내 딸이지만 대화하면서 자기 생각을 뚜렷하게, 그리고 자기 행동의 옳고 그름을 콕콕 집어 말하는 1학년 아이의 당찬 모습에서 리더십이 있는 아이라는 생각을 감출 수 없었다. 물론 일곱 살짜리 아이가 할 수 있는 중재 역할이 얼마나 클까만은 그 수준에 맞게 감정을 추스르고 일을 해결하는 모습을 보게 된 나로서는 분명 가질 수 있는 생각이었다. 물론 그 당시에는 그저 '저 녀석 보통이 아니네'라고만 생각했지만, 똑같은 일이 미국 고등학교에서 반복되면서 나는 내 생각의 오류를 정정하게 되었다.

한가한 일요일 오전이 지나면서 그날도 떡볶이를 먹으러 내려오라며 아이들을 불렀다. 여전히 잠들어 있는 둘째와 막내는 내려오기까지 시간이 걸리는 느림보들이지만 큰아이는 내가 부르기도 전에 항상 준비하고 있던 아이처럼 웃으며 쪼르르 내려왔었다. 그런데 어라? 불러도 대답이 없었다. 연속으로 불러대니 아이가 힘없이 내려와 식탁 앞에 앉는 것이었다.

큰아이가 10학년 그러니까 한국으로 치면 고등학교 1학년 때다. 그 아이가 울면서 말하기 시작했다. 평소엔 울음이 많은 아이가 아니었고 뭐든 혼자서 잘 해결하는 든든한 장녀였다. 그런 아이가 울면서 엄마에게 호소하는 모습을 보며 내심 당황스러웠다. 초등학교 때와의 반대 상황이었다. 아이는 친한 친구와 싸움을 한 차례 한 이후 극심한 문자 폭탄에 시달리며 상처를 받고 있다고 했다. 그 아이는 학교 친구들에게 큰아이에 대해 나쁘게 말하며 욕을 한다고 했다. 심지어 학교 회장 선거 때도 내 딸을 찍으면 가만두지 않겠다는 말을 서슴지 않고 했다고 한다. 자기에게 반대하는 아이들에게 폭력을 행사하기도 하고.

그런 말들은 모두 사춘기 아이들이 겪는 이상 행동으로 치부할 수 있는 부분이었다. 하지만 아이가 보여준 문자 폭탄은, 이 일을 도저히 그냥 넘길 수 없겠다는 자각을 불러일으키기 마땅했다.

'나는 네가 죽도록 싫다.'

'너는 지옥에 가야 마땅하다.'

'다른 아이들이 너를 너무 싫어한다.'

'너는 나쁜 년이고 나는 너를 저주한다…'

등등 차마 입에 담지 못할 욕들이 글로 남겨져 있었고, 내 아이는 그런 문자를 읽으며 눈물을 흘렸다. 나는 피가 거꾸로 솟는 느낌이었다. 물론 요즘 사춘기 아이들이 욕을 밥 먹듯이 하고 왕따를 시키는 일이 비일비재하다는 말들은 너무 많이 들어 왔다. 하지만 직접 듣고 보고 읽으니 도저히 감당되지 않았다.

딸의 일을 겪으며 살면서 나를 싫어하는 사람이 백 명 중 스무 명은 있을 수 있다는 걸 알게 되었다. 이론적으로는 알고 있지만, 막상 나를 싫어하는 사람이 있다는 사실을 알면 자신감이 떨어지고 자신에 대해 실망스러울 수밖에 없다. 더군다나 직접 나에게 싫다고 말하고 그런 무서운 욕을 듣는다면 자신을 자책할뿐더러 세상이 무서워지는 느낌을 받을 수밖에 없다. 부모보다 더 좋아지게 되는 친구에게서 이렇게 심한 저주 글을 그 어린 나이에 듣는다는 것 자체가 나는 소름 끼치게 무서웠다.

그런 말들은 세월을 많이 산 사람, 그런 말쯤은 웃으며 넘길 수 있는 나이든 사람이 들어도 충분하다. 내 딸이 평생 지워지지 않을 저주의 말들을 가슴에 안고 살아야 한다는 사실에 그만 멈추어지기를 바라는 마음으로 행동을 개시했다. 초등학교 때 나에게 전화했던 그 엄마와 똑같이 나는 그 아이의 엄마에게 전화했다. 마침 내가 아는 엄마였고 이야기를 하다 보니 그분도 나처럼 알지 못하는 사실이었다. 나는 그분에게 정중히 부탁했다. 다 자란 아이들 싸움에 끼어들고 싶지 않은 마음이 크지만, 아이들의 미래에 너무 큰 상처로 남지 않기를 바라는 마음에서 동의를 구한다고 말이다. 나도 내 아이에게 잘 말하겠지만, 부디 그 아이가 더는 나쁜 말과 행동으로 서로에게 상처 주는 일을 하지 않도록 해달라고 부탁했다.

물론 그다음 이야기는 잘 알지 못하고 기억이 나지도 않는 걸 보면 아마 그 뒤로는 아무런 일이 일어나지 않았나 보다. 지금도 떡볶이를 먹으며 그때의 이야기를 해보면 내 나름대로는 떡볶이의 매운 맛처럼 단호하고 강하게 대처한 것 같다. 더 중요한 건 그런 일이 음지에서 일어나지 않았다는 사실이다. 큰아이가 초등학교 때는 왕따당하는 아이의 엄마를 통해 알게 되어 문제가 해결되었고, 그 일 이후에 그런 일은 아이들의 성장 과정에서 반복되지 않았다. 큰아이 고등학교 때의 일도 엄마인 나에게 아이가 알렸고 나는 그 일을 적극적으로 수면 위로 올려 해결했다.

그 일이 원만하게 해결된 중심에는 떡볶이의 힘이 있었다고 본다. 매주 함께 모여 떡볶이를 먹으면서 자연스럽게 대화를 나누다 보면 식구 모두가 자기 생각을 이야기하고 의견을 교환하면서 서로에게 힘이 되어줄 수 있었다. 그 전통은 큰아이의 일을 시작으로 둘째, 막내까지 자신의 이야기들이 수면 위로 올려져도 이상하게 받아들이지 않고 모든 게 잘 해결될 수 있다는 믿음을 가지는 계기가 되었다.

4
-
떡볶이 토론 -
둘째의 우울증

시어머니가 항상 당부하셨던 말씀이 하나 있다. 다름 아닌 둘째에 관한 이야기다. 어머니는 사주팔자에 관한 조그마한 책자를 하나 가지고 계셨다. 그 모습을 보며 나는 나이가 들면 자기만의 관점에서 자기의 주장을 펼치는 무언가를 손에 쥐고 그것들을 믿으며 살아가는 거라고 항상 생각하곤 했다. 시어머니가 며느리인 나에게 그런 말을 할 때쯤은 우습게도 지금의 내 나이보다도 더 어린 나이셨다. 그런데도 그때의 내 눈엔 아주 큰 어른의 모습으로 다가왔었다. 지금 생각하면 당황스러운 일이다. 지금의 나는 며느리였던 그때의 나와 별반 다름이 없는데 말이다.

아무튼, 그때 어머니는 낡고 닳아빠진 자그마한 책자를 보고 사주풀이를 하면서 이렇게 말씀하셨다.

"애야, 둘째는 항상 눈여겨봐야 해. 둘째는 다른 아이들과 달라."

"왜요? 뭐가 다른데요?"

"그냥 다르니까 잘 살펴보면서 키워야 해."

"뭔데요? 그냥 말해주세요."

아무리 간곡히 말해달라고 떼써도 그냥 그래라고만 하시며 특별한 말씀이 없으셨다. 둘째를 키우면서 느낀 건 참 특이한 아이, 4차원같이 사고하는 독특한 아이라는 것이었다. 뭐 이런 말로 대충 둘째의 캐릭터를 이야기하곤 했는데, 그 다름이 다름 아닌 우울한 감정이어서 조금은 어렵게 다가왔던 게 사실이다. 어머님은 그 독특한 다름을 설명하기가 어려웠으리라 짐작해본다. 어린아이의 장래에 대한 나쁜 말을 입 밖에 내놓기가 싫으셨으리라.

실은 우리 가족 모두가 떡볶이를 좋아하는 건 아니었다. 떡볶이를 좋아하지 않는 아이 또한 둘째다. 물론 일요일 아침마다 치르는 떡볶이 의식에 참여하지 않는 건 아니었다. 왜냐하면 떡볶이가 아니더라도 김말이나 만두 또는 찐 달걀이 기다리고 있었기 때문이다. 매운맛을 알게 된 막내는 항상 이렇게 이야기했다.

"어떻게 떡볶이를 안 좋아할 수가 있지?"

그러면 우리 모두 한목소리로 말했다.

"그러니까 말이야! 말이 돼?"

이렇게 말할 정도로 떡볶이는 싫음이 있을 수 없는 한국인의 맛이다.

한번은 둘째가 혼자 좋아하는 만두 튀김을 먹으며 가족의 떡볶이 시간을 보내는 중이었다. 둘째는 대학 입학을 앞두고 있었고, 어디에 갈 일이 있는데 차로 데려다줄 수 있는지를 물어왔다. 그때의 상황을 설명하자면, 미국은 나이가 15년 9개월이 되면 운전면허를 딸 수 있다. 즉, 고등학교 1학년 때쯤 면허를 따고 2학년부터는 자기 차를 몰고 학교에 간다. 모두는 아니지만, 대부분 부모가 차를 사주고 스스로 운전하게 한다. 우리처럼 부모가 일하면 데리고 다닐 시간이 없기에, 불안하지만 아이들이 운전하는 걸 선호하게 된다.

큰아이는 15년 9개월이 되기가 무섭게 기다렸다는 듯이 차를 사주었다. 운전면허를 따기도 전이었다. 큰아이는 그 차로 연습하고 운전면허를 따서 스스로 운전하며 학교에 다녔다. 그랬기에 둘째도 당연히 그러리라 예상했지만, 고등학교를 거치고 대학생이 되었는데도 둘째는 "나는 차를 운전할 준비가 되어있지 않아. 다른 사람을 죽이면 어떻게 해"라며 단호히 운전을 거부했다. 우리가 사는 곳은 시골이라 자기 차가 없으면 정말 꼼짝할 수 없다. 그러니만큼 위험을 무릅쓰고 운전면허를 따야 한다. 중학생들이 부모의 말에 복종하는 이유 또한, 여기에 있다. 부모가 데려다주지 않으면 그 어떤 곳도 자유롭게 갈 수 없기 때문이다. 중학생들은 라이드를 받기 위해서라도 부모의 말을 들을 수밖에 없다.

둘째가 라이드를 부탁해왔을 때 모두가 못 해줄 상황이었다. 그런 과정에서 왜 운전을 못 하는지로 이야기가 흘렀고, 서로 이해하지 못하겠다고 하면서 감정이 격앙되었다. 둘째는 라이드를 못 해준다고 하니 서운해했고, 우리는 운전을 안 하는 이유가 게으르거나 겁이 많거나 둘 중의 하나라고 몰아갔다. 둘째는 급기야 울면서 공포에 대한 자신의 심각한 상태를 이야기했고, 공황장애란 말이 그때 처음으로 언급되었다.

나중에 알게 된 사실이었지만, 둘째의 심각한 우울증의 시작이 ADHD에서 비롯되었다는 진단이 나왔다. 어릴 때부터 독특한 행동으로 4차원이란 말을 많이 들어온 아이. 그 계기가 아이가 두 살 때 이민을 오면서 비롯된 게 아니었나 자책해 본다. 만약 한국에서 살았다면 좀 더 일찍 진단을 받을 수 있었고, 혼자 그렇게 오랜 시간 외롭게 두지 않았을 텐데…. 이런 생각과 함께 너무 늦은 시기에 병을 알게 된 건 아닌지 스스로의 마음을 다그쳐 본다.

그런 아이를 월반을 시켜서 다른 아이들과 다르게 만들었고, 그로 인해 왕따를 당한 결과 전학하게 된 것이었다. 그러면서 아이는 시를 쓰게 되었고, 동물보호소에 다니며 동물과의 교감이 이상할 정도로 심했었다. 둘째와 친구처럼 지냈던 강아지가 치매에 걸려 집을 나가 아이의 마음에 깊은 상처를 남기게 된 건 하필 대학 원서를 써야 하는 시기와 맞물렸었다. 결국, 아이는 자신이 원하는 대학을 가지 못하게 되었다.

그러한 모든 일이 쌓여 떡볶이를 먹다가 서운한 감정이 폭발했고, 가족 간의 불화로 번졌다가, 결국은 이유를 알게 되어 다시 가족끼리 단합하는 계기가 되었다. 만약 우리 가족만의 떡볶이 시간이 없었다면 우리 가족은 어떻게 되었을까? 혼자만의 공간에 처박혀 마음을 드러내지 못하고 각자의 생각과 방식으로 그 험한 미국 생활을 견뎌내야만 했을 것이다. 이처럼 떡볶이 시간은 단순히 가족이 모여 떡볶이를 먹는 데 그치지 않았다.

물론 그런 시간을 일부러 만들고 그 시간에 대화를 나누며 가족 간의 전통을 만들고자 처음부터 계획한 건 아니었다. 어쩌다 보니 우리만의 단합된 시간을 만들어낸 소중한 의식이 되었지만, 단언컨대 남편이나 나나 처음부터 계획적으로 시작한 건 아니다. 어쩌다 떡볶이를 해 먹게 되었고 그 맛이 꽤 좋아 가족 모두가 즐기는 음식이 되었을 뿐이다. 거기에다 일요일은 모두가 함께할 수 있는 시간이고, 떡볶이 의식은 힘든 일주일을 보낸 가족 모두가 한가하게 보내는 그 하루 중의 한 장면을 장식했을 뿐이다.

떡볶이 시간은 우리 가족을 미국 땅에서 살아남게 해준 우리의 소중한 인생의 한 지지대였다고 자부한다. 앞으로도 떡볶이 시간은 우리에게 계속될 것이며, 이 시간을 중심으로 우리의 성장 또한 계속되리라는 데 의심의 여지가 없다.

5
-
떡볶이 토론 -
인종차별

하늘을 찌를듯한 높다란 나무가 사방으로 둘러싸여 있고 집들이 드문드문 떨어져 있는 오래된 동네로 이사하고 보니 너무도 외딴섬에 산다는 생각이 들었다. 그러던 차에 누군가가 한국 유기견을 데리고 있다는 소문을 들었다. 다른 종도 아니고 진도에서 온 토박이 진돗개였다. 우리는 그 개를 분양받았다. 하지만 진돗개의 특성상 집 안에서 키우는 게 거의 불가능해 우리는 집 밖에서 키우자고 결정했다. 그러곤 아주 큰 개집을 구매했다. 그러다 보니 그 넓은 정원에 홀로 묶여있다는 게 여간 미안한 마음이 드는 게 아니었다.

그래서 찾아낸 것이 'INVISIBLE FENCE', 즉 '보이지 않는 울타리 정원'이다. 이는 울타리 가장자리를 따라 땅속으로 들어가 있는 아주아주 가느다란 전선으로 전류가 흘러 개의 목걸이로 연결되는 장치다. 그 전선의 근처 1미터 전쯤부터 부르르 전기가 통해 엄청난 아픔이 느껴진다고 한다. 그 때문에 몇 번의 훈련을 통해 익혀놓으면 강아지가 절대 울타리 밖으로 나가지 않는 설비였다.

옳거니! 바로 내가 찾던 그것이었다. 눈에 보이지는 않지만, 땅속에 선이 있어서 훈련만 한다면 개가 아이들과 자유롭게 정원을 뛰어다니며 놀 수 있겠구나! 싶었다. 나는 당장 해당 업체에 전화했다.

능숙하지도 않은 영어 실력으로 더듬더듬 내가 원하는 바를 설명했다. 그랬더니 영업사원은 집 크기가 얼마나 되는지 직접 와서 재보고 가격을 알려주겠다고 했다. 아주 착실하고 세세하게 설명해준 영업사원 덕분에 나는 만족스럽게 대화를 마무리했다. 드디어 영업사원이 와서 정원의 크기를 재고 어떤 시스템으로 작동되는지 다시 한번 자세히 설명해주었는데, 그만 작은 난관에 부닥쳤다.

딱 우리 울타리, 즉 우리 집을 둘러싼 네모반듯한 정원까지만 전선을 넣으면 아무 무리가 없는데 내가 욕심을 냈다. 정원뿐만 아니라 아이들이 버스를 타고 내리는 곳까지 전선을 넣으려면 우리 집과 옆집의 사이로 약 50m 정도 전선을 깔아야 했다. 난 그 점이 가장 중요하다고 생각했다.

왜냐하면, 아침 등굣길은 이른 새벽 시간이라 매우 어둡다. 만약 우리 아이가 개와 동행하고 같이 버스를 기다린다면 안전하기도 하

지만 얼마나 아이들과 개 사이의 교감에 좋을까, 싶었다. 또한, 하굣
길에도 우리 진돗개가 버스정류장에서 아이들을 기다리고 버스에
서 내리는 아이들과 만나 즐겁게 그 길을 함께 걸어온다고 상상만
해도 너무 아름답고 행복한 그림이 그려졌다.

당연히 아무 일도 아니리라 생각했지만, 그 영업사원의 생각은 조
금 달랐나 보다. 그는 견적을 내기 전에 옆집에 확인을 받는 게 먼저
라고 말했다. 물론 말은 해야겠지만, 미국 사람들이 얼마나 동물을
사랑하는데, 그리고 우리 아이들을 얼마나 이뻐라 하는데…. 그런데
다 땅속으로 가느다란 전선이 들어가는 거니 눈에 보이지도 않고,
땅을 깊숙이 파서 심는 것도 아니고…, 눈에 띄지 않게 감쪽같이 넣
는 수준인데 누가 상관이나 하겠는가, 싶었다.

그래도 뭐 이웃 간의 예의니까 물어는 봐야지! 나와 영업사원은 옆
집 초인종을 눌렀다. 이웃과 서로 반갑게 인사를 나눈 후 영업사원이
설명했다. 나의 어설픈 영어도 아니고 영업사원이 웃으며 친절하게
설명하는데, 어라? 아주 단호하게 "Nope", '안 된다' 라고 말하는 것
이었다. 그것도 머리를 좌우로 흔들어가며 반대했다.

영업사원은 간혹 이런 이웃도 있다며 속상해하지 말라는 어투로
나를 위로했다. 하지만 난 여간 기분이 나쁜 게 아니었다. 동네 파티
를 한 지도 얼마 되지 않았고, 이렇게 오래된 동네에 아이가 있는 동
양인 가족이 이사 왔다며 반갑다고 호들갑을 떨 때는 언제고? 눈에
도 보이지 않는 이런 일에 과도하게 단호한 거절 의사를 밝히다니.

뭔가 인종차별을 받은 듯한 느낌을 그 당시에 받았던 것 같다.

결론은 뭐 당연히 버스정류장까지 전선을 넣지 못해 우리 진돗개는 아주 멀리에서 아이들이 오는 모습을 쳐다만 봐야 했다. 목줄을 매지 않아도 되는 건 분명 자유를 주어 개에게 행복한 일이었다. 하지만 가장 중요한 아이들의 등하교 이동 시 서로 인사하지 못해 그저 꼬리로 바닥만 쓰는, 안타까운 강아지의 모습을 지켜봐야만 했다.

여기서 주목할 점은 'invisible'이란 말이 보이지 않는 무엇이라는 뜻인 걸 알아야 한다는 것이다. 처음에 내가 만나게 된 이 단어는 경계를 보이게 만드는 울타리가 아닌, 경계가 눈에 보이지 않고 강아지가 자유롭게 뛰어다닐 수 있게 울타리를 확장한다는 의미의 좋은 단어였다. 보이지 않게 숨기지 않고 누구에게도 피해를 주지 않을 것 같아서 손뼉 치며 좋아했었다. 그런데 이렇게 보이지 않기에 관심도 없고 보이지 않기에 없어져도 된다는 숨은 의미로 쓰일지는 몰랐다.

개 때문에 미국인의 민낯을 직접 보았을 때의 충격이 나에겐 아직도 이렇게 생생하다. 그런데 이 단어가 이제는 보이지 않는 우리의 인권을 보이면 안 되는, 위로 솟구쳐도 다시 땅속으로 넣어버려야 한다는 암묵적인 단어로 쓰인다. 그렇게 우리 아시안 아메리칸을 상징하는 말로 뉴스나 SNS에 자주 등장한다. 그저 흘려들었던 말이지만, 아마 나 또한 이민자이기 때문에 그런 대우를 받을 수밖에 없지 않았나 되돌아본다.

가정에서 행복을 듬뿍 받고 자란 아이들은 사회에 나가서도 행복한 사람으로 살아간다. 그것이 가정환경이고 가정교육이라고 배웠다. 사회도 마찬가지다. 내가 태어난 한국, 내가 먹고 자란 한국, 그런 한국인으로서의 강한 긍지를 한국 밖에서도 내뿜게 하려면 지속해서 한국인이라는 자긍심을 심어주어야 한다.

옆집의 단호한 반대를 그 당시에 난 아이들에게 그대로 전달하지는 못했다. 오며 가며 반갑게 인사하며 반겨주는 미국인들의 보이는 친절 속 보이지 않는 거절 의사까지 우리 아이들에게 각인시키고 싶지는 않아서였다. 보이는 인종차별은 보이지 않는 차별보다 훨씬 아프기 때문이다. 물론 정중한 인종차별은 뼛속까지 아프다.

지금은 모두 커서 오히려 부모인 우리가 행여나 인종차별을 받지 않도록 아이들은 선수를 친다. 그 모습에서 우리 가정의 끈끈한 유대감을 느낀다. 다음 주엔 아이들이 모두 모이게 된다. 벌써 떡볶이 타임이 기대된다. 그건 타지에서 이민자로 그리고 타 인종으로 살아가면서 느껴온 수없는 다름의 시선을 우리끼리 다독이며 한국인의 매운맛으로 날려버릴 수 있기 때문이다.

오랜만에 독수리 오 형제가 한자리에 모이게 된다. 첫째가 좋아하는 김말이와 둘째가 좋아하는 만두와 막내가 좋아하는 햄을 떡볶이에 아주 잔뜩 넣어 아이들에게 힘을 가득 실어주어야겠다.

6
-
떡볶이 토론 -
큰 아이의 로맨스

멀리 마이애미에서 큰아이가 날아왔다. 처음엔 내 생일 때문에 멀리서 오는 착한 효녀라 생각했다. 그런데 남자친구도 함께 식사한다기에 아침부터 마음이 바빴다. 떡볶이의 매운맛을 아는지 모르지만, 보통 우리가 먹는 정도의 매운맛도 거뜬히 소화해내던 생각이 나서 이번에도 역시 떡볶이를 주메뉴로 정했다. 그리고 어묵국과 만두 등을 준비했다. 한마디로 우리에게는 분식 메뉴에 해당하는 음식이 미국 사람에게는 주요리로 둔갑한 셈이다.

하지만 딸은 딱 2시간만을 우리 가족에게 할애하고 남자친구 차를 타고 다시 날아가 버렸다. 우리 앞에서 아이와 남자친구가 스킨

십하는 모양이 영 못마땅한 남편은 나를 보며 살짝살짝 얼굴을 찡그렸다. 남자친구는 엄마와 딸의 제스처가 헛갈릴 정도로 똑같다며 의아해했다. 웃는 얼굴도 같고 웃을 때 입을 쭉 내미는 우스꽝스러운 모습도 같다며 연신 나와 자기 애인의 얼굴을 번갈아 본다. 머리를 갸우뚱거리면서. 순간 나의 연애 시절이 오버랩되었다.

우리 때는 모두가 비밀연애를 했다. 친구들에게도 드러내지 못했고 여러 달 만난 후에나 비밀 얘기하듯 털어놓는 진득한 구석이 있었다. 당연히 부모님에게는 '정말 이 사람이다'라는 믿음이 생긴 후에나 인사를 시키곤 했다. 요즘처럼 공개연애는 있을 수 없는 일이었다. 속칭 잘나가는 연예인도 아닌데 말이다. 마지막 과정으로 부모님께 인사를 드릴 때면 가장 멋지게, 가장 순수하고 단정한 모습으로 최대한 다소곳한 모습을 보여야 했다. 하물며 어디 부모님 앞에서 스킨십을?! 딸이 내게 묻는다.

"엄마는 아빠랑 어떻게 결혼을 결심하게 되었어?"

"왜 너도 결혼하고 싶어지니?"

"아니, 아직은 아닌데, 결혼하면 50년 정도는 함께 살아야 하잖아. 엄마는 아빠랑 결혼하리라 결정할 때 무섭지 않았어?"

"음, 서로 헤어져서 각자의 집으로 보내기 싫고, 바래다주는 게 귀찮아지면 같이 사는 거야. 엄마랑 아빠는 그때도 매일 집 앞 포장마차에서 떡볶이와 어묵국을 먹으며 미래에 대해 많은 이야기를 했어. 그게 일상이 되다 보니 같은 집에서 산다는 것이 자연스럽게 느껴지더라. 먹으면 먹을수록 또 먹고 싶은 게 떡볶이이듯 매일 반복되는 일상이 싫증 나지 않는 게 중요한 거 같아. 네가 그런 사람을 만나면 하지 말래도 결혼한다고 할 거야. 기다려봐."

큰아이의 남자친구는 미국 사람이다. 내가 한국에서 살았다면 인종이 다름에 조금은 의아해했을 것이다. 하지만 여기는 미국이고 미국 사람을 남자친구로 만나고 사랑하고 결혼하는 게 적어도 이상한 일은 아니다. 오히려 미국에서 사는 한국 부모 중 많은 사람이 자식이 같은 한국 사람을 배우자로 맞길 원한다. 문화의 차이를 극복하는 데 한계가 있음을 말하는 사람들의 예는 차고 넘치지만 제일 중요한 건 언어의 장벽인 것 같다.

물론 당사자들이야 잘 통하겠지만 자식과 부모의 소통에는 큰 장애가 아닐 수 없다. 며느리와 시어머니의 관계는 말로 시작해 고부간 갈등으로 불거지는 경우가 많다. 그런데 오히려 말이 잘 통하지 않으니 자잘한 문제는 없다고 한다. 그래도 깊이 있는 대화가 이루어지지 않아 마냥 손님 같은 느낌은 어쩔 수 없다고.

예로부터 사위 사랑은 장모고 며느리 사랑은 시아버지라고 하지 않았던가? 맞는 말인 게 난 딸의 남자친구가 참 좋다. 유머러스하고 항상 웃는 얼굴이다. 둘의 스킨십에 남편은 눈살은 찌푸리지만 난 내 딸을 이뻐해주니 그저 좋아 보인다. 우리 아들이 여자 친구를 데려오면 내가 눈을 찡긋거리며 싫다는 표정을 지으려나? 그건 당해봐야 알 일이다.

이제 다 커버린 아이는 부모의 그늘보다는 남자친구의 보호를 받는 게 더 좋은가 보다. 나 또한 그 나이에 그랬었고 지금 시대는 그때보다 모든 게 더 빠르게 돌아가니 당연한 일이다. 남편은 자신의 딸을 키워보더니 나도 우리 부모님의 딸이었던 걸 상기하나 보다. 누구보다도 귀하게 정성껏 보살피고 이뻐한 딸이 막상 남자친구가 생기고 아빠보다 더 의지하고 좋아하는 모습에 질투가 나나 보다. 우리 딸을 저리 좋아하는 모습에 눈살을 찌푸리는 걸 보면 말이다.

희한한 건 우리 집 연애 상대의 찬성 반대의 기준이 '떡볶이'라는 것이다. 상대가 한국 음식을 좋아한다고 하면 일단 합격이다. 거기에 매운 떡볶이를 좋아한다면 볼 것도 없이 합격일 뿐 아니라 아주 괜찮은 사람으로 인식된다. 한국 문화를 이해하고 한국 음식을 거리낌 없이 받아들이는 사람이라면 일단 정서적으로 우리와 통한다는 생각을 하는 게 어쩌면 자연스러운 일이리라. 꼭 연애 상대만이 아니다. 친구를 사귀거나 만날 때도 한국 문화를 좋아하고 한국적인 것을 사랑하는 사람이 꼭 있게 마련이다. 그런 사람과 대화하면 정서적으로 유대감이 생겨 끈끈한 관계가 된다는 데는 이견이 없다.

특히 막내는 한국인 친구를 좋아한다. 매운맛을 즐기는 친구들만을 골라서 만나는 듯한 인상을 준다. 그런 친구라면 덩달아 우리 가족으로부터도 합격점을 받는다. 아마 미래에 우리 가족은 모두가 매운맛을 좋아하는 사람이지 않을까? 염려 아닌 안도가 드는 건 나의 기우 때문일까, 소망 때문일까? 떡볶이가 우리 집 사람 사귐의 합격

기준이 되다니. 떡볶이는 우리가 미국에 오지 않았다면 있을 수 없
는 일을 만들어낸 음식임이 틀림없다.

요즘 아이들의 꿈은 무얼까? 연예인이나 공무원이라고 하면 그마저도 오래된 이야기로 치부된다. 현실적으로 요즘 아이들의 꿈은 유튜버나 건물주가 되는 것이란다. 우리 때의 꿈은 이제는 너무 고루해서 말하는 것마저도 고조선 사람처럼 느껴진다. 그 꿈이란 게 대통령이나 과학자 아니면 선생님이었다. 어떤 아이는 현모양처가 꿈이라고 해서 고개를 갸우뚱하게 했던 기억도 있다.

자신의 꿈을 어릴 때부터 찾고 그 꿈을 향해 끝없이 노력한다면, 자신의 꿈인 만큼 누구보다도 열심히 이루려고 열과 성을 다한다면, 누구나 죽을 때까지 완벽한 행복 속에서 살 수 있으리라 확신한다. 하지만 그 누가 처음부터 자기의 꿈을 찾고 그 꿈을 향해 전진하며 행복을 누릴 수 있단 말인가? 아이의 그런 꿈을 찾아주는 건 바로 우리 부모의 몫이다. 이쯤에서 흔히들 착각하게 되는데, 혹여 나의 꿈과 희망이 아이들의 꿈으로 대물림되는 오류를 범하고 있지는 않은

지 되돌아봐야 할 것이다.

이 시점에서 나 또한 솔직함을 가장한, 나의 꿈도 아닌 나의 로망을 행여 내 아이의 꿈인 양 밀어 붙여오지 않았나 돌아본다. 맞는 말인 듯도 하다. 난 공부 잘하는 친구를 부러워한 적이 많았다. 나는 미술을 좋아했지만, 그림 잘 그린다는 말을 듣기보다 공부를 잘한다는 말을 듣고 싶어 했다. 피아노를 잘 쳤지만, 피아노 치는 긴 손가락보다는 흰색 가운을 입은 여의사의 섬세한 손가락을 더 동경했는지도 모르겠다.

그러므로 큰아이에게 '바이올린 켜는 아름다운 손보다는 피 묻은 흰손이 값지다'라며 겉으로 드러나지 않게 의사의 길을 유도했는지도 모를 일이다. 마치 네 원래의 꿈은 의사라는, 무언의 압력으로 말이다. 내 아이가 나만큼 나이가 들어 나의 실체와 나의 보이지 않는 속셈을 알아버리면 어떻게 하나, 혹여 지금 내가 나의 아버지를 원망하듯 나를 원망하면 어쩌나, 하는 섬뜩함이 느껴진다. 하지만 이제는 어쩔 수 없다. 지금은 자기의 일에 만족하고 있고, 내 나이가 되려면 아직도 먼 이야기인 데다, 그때쯤엔 내가 이 세상에 없을지도 모르니 그냥 모른 척하자.

꿈이 정말 꿈속의 꿈이 되어버리면 어쩌나, 하는 기우가 생긴다. 나의 꿈이 아닌 내 부모의 꿈이더라도 아예 꿈이라는 말이 생소하게 들릴 그런 시대가 오면 어쩌나 하는 걱정이 생기기도 한다. 꿈은 기역(ㄱ)이 두 번 연속해 붙어 있어 꼭 이루어야만 한다고 강조하는 듯하다. 하지만 원래 꿈은 한여름 밤의 꿈 같은 것이고, 깨어나면 연기처럼 사라져버린다. 또한, 몽상적이고 환상적이라 한 번에 꺼져버릴 듯한 아슬아슬함을 느끼게 한다. 그런 허망하고도 허무한 꿈을 우리는 미래의 꿈이라 이야기하며 미친 듯이 좇고 있는 셈이다.

아주 어릴 때부터 한 번도 바뀐 적 없는 내 꿈은 '피아니스트'였다. 하지만 나의 꿈이 아닌 부모의 바람이었음을 부인할 수 없다. 그 당시엔 부모의 채찍이 무서워 다른 꿈은 꾸어 본 적도 없다. 아니, 다른 꿈은 나를 제외한 사람들의 꿈이라 생각했다.

그때는 그렇게 부모의 절대권력에 휘둘려 내 꿈이 무언지 나 자신의 정체성을 따져보지도 못했다. 그저 부모가 이끌면 이끄는 대로 스펀지처럼 빨아들일 뿐이었다. 다른 꿈은 쳐다만 봐도 안 되는 것처럼. 진짜 꿈은 본인 스스로 꾸어야 하고 꿈꾸게 만드는 과정만이 부모의 몫인데도 단지 부모는 아이의 꿈을 뒤에서 조용히 지켜보며 가이드라인만 제시해주면 될 일이다.

다만, 우리 부모가 놓치면 안 되는 '절대 타이밍'이 있다. 아직 아이들의 자아가 충분히 발달하지 못해 부모의 의견이 절대적인 시기가 있다. 아이마다 차이 나는 성숙도는 충분히 감안해야겠지만, 보통 열 살 이전에 아이의 관심도와 다른 아이에 비해 특별히 잘하는 것, 그것도 쉽고 빠르게 하는 무언가를 발견하는 데 모든 촉을 동원해야 할 것이다.

가능한 한 뭐든 자유롭게 할 수 있는 판을 깔아주어야 한다. 책을 읽을 수 있도록 도서관 이용법을 알려주든지, 운동 능력을 알아보기 위해 여러 체험을 하게 한다든지, 동물원에 데리고 가서 동물과 교감을 시키는 등 정서적인 면도 살펴보아야 할 것이다. 여력이 안 되면 남이 쓰던 게임기나 남이 버린 장난감이라도 공수해주어야 할 것이다. 부지런히 친구와의 만남도 주선해 정보교환을 하게 해주는 것도 게을리해서는 안 될 일이다.

특히 스스로 옷을 찾아 입기를 원하고 컬러를 조합하는 센스가 남다르다면 컬러 감각이 뛰어난, 독창적인 창조 능력의 소유자임을 직감해야 한다. 컬러에 예민함을 요구하는 분야는 너무 많아 나열하기도 어려운 일이지만, 아이만의 예술적 끼를 발굴해주고 그런 분야에 관심의 폭이 넓어질 수 있도록 집중해줄 필요가 있다. 아이들의 시야는 아직 좁고 극히 제한적이므로 부모가 기지를 발휘해 아이를 이끌어야 한다. 이럴 때 부모가 아이를 위해 정보의 바다에 뛰어든다 해도 그 누구도 뭐라 할 수 없는 시기임을 꼭 알아야 한다.

만약 그 시기에 게임이나 레고에 심취해 몇 시간이고 엉덩이를 땅에 붙이고 끙끙대며 완성한다면 수학적인 머리가 비상한 아이임을 인지해야 한다. 레고는 독창성을 추구하지는 않는다. 문제를 내주고 해결 공식을 나열해 주었을 때 인내를 가지고 해결해낸다면 뛰어난 결과물이 나올 만큼 훌륭한 성취감을 주는 카테고리다.

공식대로 따라가 문제를 해결하는 건 아무나 할 수 없고 비상한 두뇌가 있어야 가능한 일이다. 공식을 외우고 공식대로 풀어야 하는 게 수학이고 거기엔 창의적인 예술이 끼어들 틈이 없다. 머리가 좋은 데다 더불어 엉덩이까지 무겁다면 정확성을 요구하는 음악이나 공부에 전념하면 좋은 성과를 거둘 것이다.

또한, 그 시기에 또래 집단에서 또래들을 이끌 계획을 세우거나 친구의 일을 서슴지 않고 해결하거나 모든 연락망이 내 아이에게 집중되어 있다면, 파티나 선생님의 생일 같은 작은 일들을 계획하느라 아주 바쁜 나날을 보내고 있다면, 그 아이는 리더의 자질이 있는 아이라고 봐야 한다. 그런 아이는 어느 집단에 속하든 성격적으로 다른 아이와의 소통이 원활한, 사회성이 높은 아이로 자랄 가능성이 크다.

그러므로 그런 아이는 학교의 리더십 프로그램이나 토론 그룹, 학생회 같은 곳에 들게 해 학교의 발전에 참여시키면 사회적으로 성공한 리더가 되는 발판을 마련할 수 있다.

이 시기에 이런 사소한 행동에서부터 습관이 된 행동을 통해 아이만의 장점이 부각된다면, 아이가 쉽게 할뿐더러 잘하는 일을 부모가 발견해주고 뒤에서 밀어준다면, 아이는 그 자신감으로 자존감이 높아질 것이다. 그러면 성취감도 클뿐더러 남과는 다른 자신만의 독특함을 찾아낼 수 있을 것이다. 그렇게 평생 하고 싶은 일을 행복하게 성취해 나간다면 지치지 않는 삶을 살 수 있지 않을까?

이런 장점이 발전해 장래희망이 되고 원하는 삶을 살게 되는 것이지, 꼭 한 무덤만 파라는 식으로 부모가 정해준 길을 맹목적으로 따르는 꿈은 실패하기 쉽다. 그야말로 개꿈이 되어버릴 수 있다.

꿈이 있을 수도 있지만 없는 게 더 맞는 말일 수도 있다. 요즘 아이들은 꿈이 없는 세대라고 말하지만, 그 또한 우리 어른들의 잣대에 불과하다. 모든 게 열악한 사회에서 남들과 비교할 때 잘나지 않으면 도태되는 때가 있었다. 누구보다도 앞장서 가지 않으면 안 되었던 그때는 치열한 경쟁 구도 속에서 꿈도 희망도 전쟁 치르듯 가지고 있어야 하고, 그 꿈을 위해 강력한 계획을 세워야 하고, 최선이 아니라 젖먹던 힘까지 내야 된다고 우리 모두 배웠다. 내가 다른 사람을 밟지 않으면 밟히는 세상에서 살아남기 위한 수단으로 꿈을 외치던 그때는 꿈이 절대 선이었다.

하지만 지금은 개천에서 용이 나올 리도 없고 나올 필요도 못 느끼는 세상인 만큼 꿈이 없다고 핀잔받을 일은 아니다. 너무나 꿈이 난무해 피해 본 나의 세대는 지금도 그때를 잊지 못하고 꿈이 없으면 경쟁에서 낙오되기 쉽다고 한탄하며 꿈을 가지라고 열변을 토한다. 꿈은 이미 다 이루어졌다. 이전 세대에서 꿈을 다 이루어버린 지금, 현세대는 우리가 이루어놓은 꿈의 세상에서 행복하게 잘 살기만 하면 되는 것이다.

지금 세대에게는 행복을 찾기 위한 여정만이 남아있을 뿐이고, 오히려 꿈꿀 수 없는 세상에서 잃기 쉬운 정신건강에 힘쓸 때다. 매일매일 새로운 일을 꿈꾸며 새로이 나를 찾아가는 과정에서 진정한 나를 발견할 수도 있다. 설령 자기 존재에 대해 잘 알지 못한다고 해도 좋다. 그냥 좋아하는 일을 잘할 수 있는 무대만 있다면, 그 무대에서 행복하게 살면 되지 싶다. 그게 꿈이고 그게 행복이다. 아이들이 무엇을 꿈꾸고 어떤 미래를 그리고 있는지 지금으로서는 명확히 모른다. 하지만 우리 부모는 무엇이든 아이들을 응원하고 지지할 준비가 되어있다.

나는 오늘도 열심히 우리 아이들이 오는 날을 손꼽으며 기다린다. 새로 나왔다는 치즈떡볶이를 주재료로 삼고 어묵탕에 매운맛 김말이를 굽고 이웃이 준 손만두를 찔 예정이다. 1세대를 거쳐 2세대, 3세대쯤에 태어날 어린 증손자들이 떡볶이가 너무 맵다며 왁자지껄 떠들다 문득 "마미, 증조할머니, 할아버지는 어떤 사람이었어? 왜 이민을 와서 이런 떡볶이를 먹게 했어?" 하며 궁금증을 가지길 빌어본다. 그러다 낯선 바다 풍경을 한가로이 바라보는 댕댕이들을 좇아 나 또한 잠시 하늘을 올려다본다. 행복의 완성은 바로 이런 것이리라.

세 아이를 미국 명문대로 이끈 떡볶이 식탁

초판 1쇄 인쇄 2026년 1월 7일 | **초판 1쇄 발행** 2026년 1월 27일

지은이 김지나

편집 신효주 | **디자인** 봄에
마케팅 용상철 | **제작·인쇄** 도담문화주식회사

발행인 신수경 | **발행처** 드림셀러
출판등록 2021년 6월 2일(제2021-000048호)
주소 서울 관악구 남부순환로 1808, 615호 (우편번호 08787)
전화 02-878-6661 | **팩스** 0303-3444-6665 | **이메일** dreamseller73@naver.com
인스타그램 dreamseller_book | **블로그** blog.naver.com/dreamseller73

ISBN 979-11-92788-51-7 (03370)

- 책값은 뒤표지에 있습니다.
- 잘못 만들어진 책은 구입한 곳에서 바꾸어 드립니다.
- 이 책은 저작권법에 의해 보호를 받는 저작물이므로 무단 저재와 복제를 금합니다.

※ **드림셀러는 당신의 꿈을 응원합니다.**

드림셀러는 여러분의 원고 투고와 책에 대한 아이디어를 기다립니다.
주저하지 마시고 언제든지 이메일(dreamseller73@naver.com)로 보내주세요.